Karénina Kollmar-Paulenz

DIE MONGOLEN

Von Dschingis Khan bis heute

W0191949

Verlag C.H.Beck

Mit 1 Abbildung und 3 Karten

Originalausgabe
© Verlag C.H.Beck oHG, München 2011
Satz: Fotosatz Amann, Aichstetten
Druck u. Bindung: Druckerei C.H. Beck, Nördlingen
Umschlaggestaltung: Uwe Göbel, München
Umschlagabbildung: Mongolischer Bogenschütze, Ming-Dynastie;
© Art Archive / Victoria & Albert Museum, London
ISBN 978 3 406 62133 8

www.beck.de

Inhalt

Vorwort

Obwohl die Mongolen fast zwei Jahrhunderte lang die Geschicke weiter Teile Asiens und Europas bestimmt haben, ist jenseits einiger Schlagworte wie «Dschingis Khan» oder «Mongolensturm» wenig über sie bekannt. Hier möchte dieses Buch Abhilfe schaffen. Es kann nicht mehr als einen ersten Überblick über ihre wechselvolle Geschichte geben, regt aber hoffentlich zu intensiverer Beschäftigung an. Wegen des geringen Umfangs beschränkt sich das Buch auf die Mongolen in der heutigen Mongolei und den innermongolischen Regionen in der Volksrepublik China.

Die Transkription der mongolischen Namen und Begriffe orientiert sich an der uiguro-mongolischen Schreibweise. Folgende Buchstaben werden abweichend vom Deutschen ausgesprochen: *c* wird ähnlich wie «tsch», *j* wie «dsch», ähnlich dem englischen *j* in *journal* gesprochen. Das *q* wird wie «ch» im deutschen «ach» ausgesprochen. Das *gh* hat keine Entsprechung im Deutschen; in Wörtern, in denen *a, o* oder *u* vorkommen, wird es mit der hinteren Zungenoberfläche im Bereich des Zäpfchens gesprochen. Die khalkha-mongolischen Wörter werden in einer der modernen Aussprache angepassten Umschrift wiedergegeben. Gängige Schreibweisen bekannter Namen und Begriffe wurden beibehalten. Zwischen *Khan (Qan)* und *Qaghan* wurde aus Gründen der Vereinfachung nicht unterschieden. – Bei persischen und arabischen Wörtern wird zumeist auf die Diakritika verzichtet. Das Tibetische wird in einer phonetischen Umschrift, die sich am heutigen Standardtibetischen orientiert, wiedergegeben. Die Umschrift des Chinesischen erfolgt in Pinyin.

Gewidmet ist dieses Buch meinem Lehrer, Professor Klaus Sagaster.

Einleitung

Wer sind die «Mongolen»?   Der Name «Mongolen» suggeriert eine ethnische und kulturelle Einheit, die realiter nie existiert hat. Im 12. Jahrhundert nannte sich eine an den Flüssen Onon und Kerülen in der heutigen Mongolei nomadisierende Gemeinschaft *Mongghol*. Nach der Eingliederung benachbarter Gruppen in diese Gemeinschaft wurden sie alle als *Mongghol* beziehungsweise *qamugh mongghol*, «alle Mongolen», bezeichnet. Aus den Quellen lässt sich heute nicht mehr rekonstruieren, welche dieser Gruppen eine türkische und welche eine mongolische Sprache sprach. Von Beginn an verbarg sich also hinter der Bezeichnung *mongghol* eine ethnische, linguistische und kulturelle Vielfalt. Heute leben Mongolen innerhalb der Grenzen dreier Staaten: der Mongolei, Russlands und Chinas. Die Mongolei, die zu den am dünnsten besiedelten Gebieten der Erde gehört, umfasst ein Gebiet von insgesamt 1 566 500 Quadratkilometern mit etwas mehr als zweieinhalb Millionen Einwohnern, von denen mehr als 90 Prozent ethnische Mongolen sind. Die zu China gehörende Innermongolische Autonome Region erstreckt sich über ein Gebiet von 1 183 000 Quadratkilometern mit einer Bevölkerung von mehr als 21 Millionen, 16 Prozent von ihnen ethnische Mongolen. In autonomen Bezirken außerhalb der Inneren Mongolei siedeln ebenfalls Mongolen. In der zur Russischen Föderation gehörenden Burjatmongolei leben in einer 782 800 Quadratkilometer großen Region circa 2,5 Millionen Menschen, 13 Prozent von ihnen Burjatmongolen. Außerhalb des eigentlichen mongolischen Siedlungsgebiets bildet die Kalmückische Republik am Kaspischen Meer eine mongolische Enklave. Sie umfasst ein Gebiet von 76 100 Quadratkilometern mit einer Bevölkerung von circa 300 000 Menschen, von denen etwa die Hälfte Kalmücken sind.

Die mongolischen Sprachen gehören zur altaischen Sprachfamilie. Von ihren heute circa sechs bis sieben Millionen Sprechern benutzen rund fünf Millionen Khalkha-Mongolisch, die Staatssprache der heutigen Mongolei. Die restlichen Sprachen verteilen sich auf ungefähr zehn weitere mongolische Sprachen, von denen das Burjatmongolische und das Kalmückische neben dem Russischen die Staatssprachen der Burjatischen und der Kalmückischen Republik bilden.

Wenn im Folgenden von «den Mongolen» die Rede sein wird, so ist dies der Sprachkonvention geschuldet und sollte den Blick auf die kulturelle Verschiedenartigkeit der unter diesem Namen zusammengefassten Gesellschaften nicht verstellen. Gleichzeitig dürfen die Gemeinsamkeiten der mongolischen Völker nicht vernachlässigt werden, die in miteinander verwandten Sprachen, der nomadischen Lebensweise, einer patrilinearen Sozialorganisation und gemeinsamen religiösen Traditionen bestehen.

Quellen zu den Mongolen   Obwohl die Mongolen seit der Zeit Dschingis Khans eine eigene Schriftsprache besitzen, geschrieben in der von den türkischen Uiguren übernommenen Schrift, gibt es für die Zeit des 13. und 14. Jahrhunderts nur wenige mongolischsprachige Quellen. Das älteste überlieferte Werk ist die *Geheime Geschichte der Mongolen* aus der Mitte des 13. Jahrhunderts, die über Dschingis Khan und die Konstituierung des mongolischen Weltreiches bis zur Regierungszeit seines Sohnes und Nachfolgers Ögedei Khan berichtet. Die *Geheime Geschichte* übermittelt zwar viele historische Gegebenheiten, ist aber eher episch-genealogische Dichtung als Geschichtsschreibung. Die meisten Quellen zu den Mongolen sind in den Sprachen der eroberten Völker verfasst, so unter anderem in Chinesisch, Persisch, Arabisch und Russisch. Zwei persische Chroniken sind besonders wichtig: Der aus dem nordostiranischen Khorasan stammende Historiker Juvaini (1226–1283), der verschiedene Ämter unter den Mongolen bekleidete, schrieb seine *Geschichte des Welteroberers* zwischen 1252 und 1260. Knapp fünfzig Jahre später verfasste der persische Chronist und Minister am Hof der Il-Khane, Rashid al-Din (1247–1318), seine Universalgeschichte *Sammler der Geschichten*. Rashid al-Din hat in ihr von heute verlorenen mongolischen Quellen Gebrauch gemacht, die er *Altan debter*, das «Goldene

Buch», nannte. Neben den persischen Chroniken sind die chinesischen Annalen der Yuan-Dynastie (1271–1368) von großer Bedeutung, vor allem für die Geschichte der Mongolen in China. Diese persischen und chinesischen Quellen wurden für die herrschende Schicht verfasst und reflektieren die Sichtweisen und Belange der Eliten. Europäische Reiseberichte wie die der Franziskanermönche Johannes de Plano Carpini und Wilhelm von Rubruk oder des venezianischen Kaufmanns Marco Polo gewähren uns detailreiche Einblicke in Gesellschaft und Kultur der Mongolen des 13. Jahrhunderts.

Aus dem 13. und 14. Jahrhundert besitzen wir des Weiteren historische Überreste wie Münzen, Inschriften, Siegel, Edikte, Steuergerechtsame, Kurierbestätigungen, Reisebegleitschreiben, Briefe und anderes mehr in einer Vielzahl von Sprachen. Alle hier genannten (und ungenannten) Quellen tragen zu unserer Kenntnis der Mongolen in den von ihnen eroberten Gebieten bei, während wir von den im Stammland Gebliebenen nur sehr wenig erfahren.

Die europäischen Quellen über die Mongolen versiegen gegen Ende des 14. Jahrhunderts für mehr als zwei Jahrhunderte. Dafür liefern uns tibetische Chroniken des 15. und 16. Jahrhunderts manche Details über die zeitgenössische politische Geschichte einzelner mongolischer Völker. Die offiziellen Annalen der Ming-Dynastie (1368–1644) befassen sich ebenfalls ausführlich mit den nördlichen Nachbarn, die für China besonders im 16. Jahrhundert eine beträchtliche militärische Bedrohung darstellten.

Eine eigene mongolische Geschichtsschreibung setzte erst ab dem 17. Jahrhundert ein. Sie enthält im Wesentlichen die Geschichte der einzelnen Fürstengeschlechter und großen mongolischen Klane in genealogischer Folge. Wie die europäische Geschichtsschreibung des 19. und noch des 20. Jahrhunderts ist sie an den «großen Persönlichkeiten» interessiert.

Ab dem 17. Jahrhundert kommen mandschurische Quellen für unsere Kenntnis der Mongolen hinzu. So heterogen wie die Sprachen sind auch die Blickwinkel, aus denen berichtet wird. Sie vermitteln uns ein vielschichtiges und oft auch widersprüchliches Bild der Mongolen.

Fremd- und Selbstwahrnehmungen «Wie ein vernichtender Orkan wälzten sich die Mongolen nach Europa hinein.» In Sätzen wie diesem, der der Einleitung einer modernen Textausgabe des mittelalterlichen Reiseberichts von Wilhelm von Rubruk entstammt, leben seit dem Mittelalter in Europa vorhandene Mongolenbilder weiter. Die Mongolen, die *ex tartaro*, aus dem Tartarus, entsprungen schienen und daher «Tartaren» genannt wurden, wurden oft mit verschiedenen Gestalten der Bibel in Verbindung gebracht und dämonisiert. Ihr Auftauchen galt als gerechte Strafe Gottes für die Sünden seiner Geschöpfe und als Zeichen der hereinbrechenden Endzeit. Sie kamen als gottgewollte Elementargewalten über die sesshaften Gebiete, raubten, plünderten und zerstörten. Die «elementarhistorische» Rezeption der Mongolen setzte sich in späteren Jahrhunderten fort. Noch Hegel spricht von den Mongolen, die «wie ein verwüstender Strom über Kulturländer» herfielen; «sie zertraten alles, verschwanden dann wieder, wie ein verheerender Waldstrom abläuft». Aber schon für die Denker der Aufklärung verwandelte sich die Wildheit des Nomaden in seine Freiheit. Das nomadische Leben wurde nicht mehr als Ausdruck zivilisatorischer Ferne, sondern als Ergebnis einer freien Entscheidung für Einfachheit, Nähe zur Natur und Freiheit betrachtet. Darüber hinaus stellte der Nomade, der die Zivilisation zerstörte, zugleich ihr Korrektiv dar, indem er durch seine Ursprünglichkeit ihren Luxus, ihre Dekadenz, Schwäche und Verweichlichung offenlegte. Auch dieses Mongolenbild lebt fort. So wirbt die französische Frischkäsemarke «Tartare», mit dem alten Namen «Tartar» spielend, nicht von ungefähr mit dem Spruch: *La nature à l'état brut.* Das romantische Bild des freiheitsliebenden, naturverbundenen Nomaden erlebt heute sein Comeback im Tourismus, einem der wichtigsten Wirtschaftszweige in der postkommunistischen Mongolei.

Die nichtsesshafte Lebensweise war auch für die frühen Mongolen ein wichtiges identitätsstiftendes Merkmal. In der *Geheimen Geschichte der Mongolen* bezeichneten sich die Mongolen als «Leute in den Filzwandzelten», in Abgrenzung zu den «Waldleuten», die in Zelten aus Birkenrinde, und den «Brettertürleuten», die in festen Häusern lebten. Seit dem Aufstieg Dschingis Khans zum Herrscher (Khan) über «alle Mongolen» bildete jedoch der Khan selbst das übergeordnete identitätsstiftende Paradigma. Die Selbstwahrnehmung der Mongolen im 13. Jahrhundert war in zwei Aspekten religiös fundiert: im Rekurs auf die transzendente Legitimation des Khans durch die «Kraft des Ewigen Himmels» und in der Rückführung des herrschenden Klans (*obogh*) auf einen göttlich-mythischen Vorfahren. Gerade der letztgenannte Aspekt wurde durch genealogische Listen immer wieder vergegenwärtigt und im kulturellen Gedächtnis bewahrt. Über die Jahrhunderte blieb die Identifikation der Mongolen mit ihrem Reichsgründer Dschingis Khan bestehen. Selbst die Übernahme des Buddhismus änderte nichts daran: Dschingis Khan wurde einfach als buddhistische Schutzgottheit in die neue Religion integriert. In der postkommunistischen Mongolei ist er präsenter denn je, wie die allenthalben veranstalteten Jubiläen zu seinen Ehren, die neu errichtete riesige Dschingis-Khan-Statue in Ulanbator oder die vielen nach ihm benannten Straßen und Plätze verdeutlichen. Auch heute noch verstehen sich die Mongolen als das Volk des Dschingis Khan.

I. Herkunft und Gesellschaft

Räumliche Gliederung und Klima des mongolischen Plateaus

Das mongolische Plateau umfasst den östlichen Teil der eurasischen Steppenregion. Auf einer Fläche von mehr als 3,3 Millionen Quadratkilometern besteht es im Norden und Westen aus Gebirgen, im Süden und Osten aus Steppengebieten. Altai und Khangai sind mit über 4000 Metern die höchsten Gebirge. Im Südwesten liegen die Steppengebiete mehr als 1000 Meter, im Nordosten nicht höher als 500 Meter über dem Meeresspiegel. Im Süden trennen die Gebirgszüge des Helan Shan und Yin Shan die Gobi und Alashan von dem fruchtbaren Tal des Huangho, im Osten grenzt das Khinggan Gebirge die Mongolei von der

Mandschurei ab. Im Süden und Westen besteht die Landschaft entweder aus Sand- oder Halbwüste, im Norden und Osten überwiegt das Grasland.

Die größten Flüsse fließen durch die nördliche Mongolei und die transbaikalische Region. Die Selengga und ihre Nebenflüsse ergießen sich in den Baikal-See, ebenso der viel kleinere Barguzin und die obere Angara. Die Selengga entspringt aus dem tiefsten See der Mongolei, dem Khöwsgöl. Die Becken von Tuda und der Darqad-Region werden vom Jenisej gespeist, der russische Altai vom Ob, die beide in den arktischen Ozean münden.

Das mongolische Plateau weist ein extremes kontinentales Klima auf, mit kurzen, heißen Sommern und kalten Wintern. Es weht ein dauernder Wind aus Norden und Westen, der im Frühjahr für Sandstürme sorgt, die die feine Löserde der Steppe bis weit nach China hinein tragen. Der Niederschlag konzentriert sich zu zwei Dritteln auf die drei Sommermonate, während die Wintermonate oft sehr trocken und schneearm sind. Im letzten Jahrzehnt gab es einige sehr schneereiche Winter, aber ob sich hier dauerhafte, durch die globale Klimaerwärmung bedingte Änderungen vollziehen, muss sich erst noch herausstellen.

Die frühen Mongolen und die Entstehung nomadischer Imperien Die Ethnogenese der Mongolen ist bis heute ungeklärt. Die ersten schriftlichen Nachrichten über Nomadenvölker im Norden stammen aus China; es ist jedoch unklar, welche der dort erwähnten Völker mit den späteren Mongolen identisch sind. Vielleicht waren es die *Shiwei*, von denen eine Gruppe namens *Menggu* in Texten aus der Tang-Dynastie (618–906) erwähnt wird. Die *Menggu* hatten Handelskontakte mit den sesshaften Völkern, allen voran den Chinesen. Sie sind jedoch nicht die einzigen, die den Anspruch, die Vorfahren der Mongolen zu sein, erheben können. In den chinesischen Quellen werden auch Völker wie die *Jajirad* und die *Qonggirad* genannt, die in späteren mongolischen Quellen als mächtige mongolische Gruppen auftauchen. Auch dies deutet auf die heterogene ethnische Zusammensetzung des späteren politischen Verbands der Mongolen hin.

An den Rändern des mongolischen Plateaus, wo nomadische und sesshafte Welt sich begegneten, waren die Steppennomaden von alters her wegen ihrer Überfälle auf Siedlungen und Städte gefürchtet, als Handelspartner aber auch geachtet und geschätzt. Solange sich die Steppenvölker nicht zu Konföderationen zusammenschlossen, überwog in der Interaktion zwischen Sesshaften und Nomaden die friedliche Koexistenz. Immer wieder aber kam es zu riesigen Reichsbildungen, die selten mehr als ein Jahrhundert lang stabil blieben. Schon lange vor dem 20. Jahrhundert haben chinesische und muslimische Historiker sich mit den Gründen für die Entstehung und den Zerfall nomadischer Imperien auseinandergesetzt. Die theoretischen Entwürfe zur Entstehung innerasiatischer Nomadenreiche sind dementsprechend zahlreich. Die heute dominierenden Theorien lassen sich grob in zwei Gruppen einteilen, die der italienische Forscher Nicola Di Cosmo ironisch auf zwei grundlegende Nomaden-Stereotypen zurückgeführt hat, das des «bedürftigen» und das des «gierigen» Nomaden. Dem Stereotyp des «bedürftigen Nomaden» entsprechen Erklärungsmodelle, in denen externe Faktoren eine wichtige Rolle spielen. Ihnen zufolge sind die materiellen Ressourcen der Steppe zu karg, als dass sie einem ehrgeizigen Anführer erlaubten, mit dem Versprechen auf materielle Vorteile Gefolgsleute um sich zu scharen und eine schlagkräftige Armee aufzubauen. Daher benötigen Zentralisierungsprozesse in der Steppe Ressourcenbeschaffung durch Handel oder Überfälle. Auf interne Faktoren hingegen konzentrieren sich Modelle, die die Dynamiken innerhalb nomadischer Konföderationen in den Blick nehmen. Die Entstehung von Steppenimperien wird durch Knappheit von Weideland und die daraus entstehende Notwendigkeit, auf neue Weidegebiete auszuweichen, sowie mit psychologischen Deutungsmustern erklärt. Letztgenannte finden sich schon in chinesischen Quellen: Die den Nomaden wesensmäßig eigene nicht zu zügelnde Gier, Triebhaftigkeit und Grausamkeit verleite sie zu ständigen Überfällen auf die sesshafte Bevölkerung. Solche Erklärungen haben schon früh auch in Europa Anwendung gefunden.

Beide theoretischen Ansätze befriedigen nicht. Obwohl die

nomadische Weideviehwirtschaft nicht alles, was sesshaften Gesellschaften zur Verfügung steht, produzieren kann, kann dies doch durch Handel erworben werden. Umgekehrt bieten nomadische Gesellschaften der sesshaften Bevölkerung attraktive Handelsgüter wie z. B. Pferde und Schafe an. Die Gründe für die Entstehung von Steppenimperien sind wohl komplexer als bisher gedacht, und Erklärungsmodelle müssen interne wie externe Faktoren gleichermaßen berücksichtigen, so wie es in Di Cosmos Stufenmodell der Entwicklung von Steppenimperien geschieht. Er geht von Konfliktsituationen in der Steppe aus, die durch Gewaltanwendung gelöst werden und so die allgemeine Militarisierung einer Gruppe nach sich ziehen, die der Imperienbildung vorausgeht. Erst wenn ein charismatischer Anführer den Konflikt für sich entscheidet und sich zum Khan erklärt, werden mehr Ressourcen, als die Steppe hergibt, benötigt. Die Herrschaft des Khans führt zu einer zentralisierten Regierungsstruktur, mit dem Klan des Herrschers als Führungsschicht. Dieser Zentralisierungsprozess bedarf größerer Ressourcen, um Gefolgsleute an sich zu binden. Aus diesem neuen Bedürfnis heraus erfolgen nun Übergriffe auf benachbarte Gesellschaften, um den benötigten Überschuss zu beschaffen.

Nicht nur politische und ökonomische, sondern auch soziale und kulturelle Faktoren haben ihren Anteil an der Entstehung, der Konsolidierung und dem Niedergang nomadischer Reiche. Eine Herrschaftsideologie, die dem militärisch erfolgreichen Führer einer Gruppe eine göttliche Herkunft und den Segen einer höchsten, transzendenten Macht zuspricht, lässt sich in Zentralasien anhand von Inschriften bis ins 7. Jahrhundert zurückverfolgen. Solche kulturellen Interpretationsmodelle waren von herausragender Bedeutung für die Legitimierung von Herrschaft und damit die Stabilität von Reichen in diesen Gebieten.

Soziale und wirtschaftliche Strukturen Im 12. und 13. Jahrhundert waren die Mongolen in *Obogh* («Klan») organisiert. Der *Obogh* war eine hierarchisch gegliederte Gruppe mit einem gemeinsamen Namen, die sich gewöhnlich eine Abstammungslegende und eine patrilineare genealogische Verbindung teilte.

Seine Mitglieder waren unter anderem über die gemeinsame Verehrung der Ahnen (*ongghod*) miteinander verbunden. Die Anführer der *Obogh* stammten von demselben männlichen Vorfahren ab, sie besaßen denselben «Knochen» und durften daher untereinander nicht heiraten. Die mongolischen Genealogien sollten jedoch nicht unbesehen als authentische Beschreibungen biologischer Verwandtschaftsbeziehungen gelesen werden, da die Verwandtschaft in vielen Fällen fiktiv war und lediglich der Autorisierung politischer Entscheidungen diente.

Die mütterliche Abstammungslinie wurde als «Fleisch» bezeichnet. Trotz der Bedeutung der männlichen Abstammungslinie waren die Frauen keinesfalls marginalisiert. Die Witwen einiger mongolischer Herrscher haben über Jahre hinweg die Regentschaft über das Reich innegehabt, und zuweilen führten Frauen sogar Armeen in den Krieg. Schon für das 13. Jahrhundert berichten uns die europäischen Reisenden von der Polygamie und Schwagerehe bei den Mongolen, die bis ins frühe 20. Jahrhundert weit verbreitet waren. Es wurde darauf geachtet, alle Ehefrauen gleich zu behandeln, wie der Franziskaner-Gesandte Johannes de Plano Carpini vermerkt: «Und wenn ein Tartare viele Frauen hat, hat jede für sich ihre eigene Behausung und ihren Hausstand, und mit einer isst und trinkt und schläft er an einem Tag, am anderen mit einer anderen.» Die Hauptfrau, die meistens von den Eltern schon als Kind ausgewählt wurde, nahm eine gewisse Vorrangstellung ein. Die Kinder einer polygamen Familie waren alle gleichermaßen erbberechtigt. Fürstenfrauen hatten oft eigenen Besitz mit Gefolgsleuten.

Obwohl sich, außer bei den dem Borjigin-Klan angehörenden Fürsten (*tayiji*), im 17. Jahrhundert das *Obogh*-System weitgehend aufzulösen begann, wurde der Begriff zur Verwandtschaftsklassifizierung beibehalten. Im 20. Jahrhundert trat in der Mongolischen Volksrepublik das Kollektiv (*negdel*) an die Stelle des *Obogh*. Erst seit 1991 wird in der Mongolei wieder Wert auf den *Obogh* gelegt, und die Familien werden angehalten, ihre *Obogh*-Namen wieder anzunehmen. Ihnen wird empfohlen, genealogische Listen nicht nur für die väterliche, sondern auch für die mütterliche Seite anzulegen. Dies liegt an der Bedeutung, die die matrilineare Abstammungslinie seit dem 19. Jahrhundert erhalten hat. Heute wird das «Knochen/ Fleisch»-Konzept immer öfter durch die Vorstellung vom «Blut» ersetzt, das von Vater und Mutter vererbt wird.

Im 12. und 13. Jahrhundert lebten die *Obogh*-Gruppen in so genannten *Ayil*, Ansammlungen von einigen Yurten (*ger*) mit ihren Wagen und Tieren, die alle zu einer Familie gehörten. Unter «Familie» ist hier nicht eine Kernfamilie zu verstehen, sondern sämtliche Personen, die in einer Yurte lebten und zusammen einen Haushalt bildeten. Dazu gehörten auch die Sklaven (*boghol*). Ein *Ayil* wurde oft von einer erweiterten Familie gebildet, den Eltern und den verheirateten Söhnen, die mit ihrem Haushalt ihre eigenen Yurten bewohnten, sowie weiteren Verwandten. Auch unverheiratete oder behinderte Personen gehörten dazu, denn es oblag der Familie, solche Angehörige zu unterstützen. Die erweiterten Familienverbände hüteten in der Regel ihr Vieh gemeinsam, eine Wirtschaftsweise, die sich erst im 19. Jahrhundert durch die zunehmende ökonomische Verarmung änderte.

Die hauptsächliche Wirtschaftsform bei den Mongolen bildete die nomadische Weideviehwirtschaft. Die Mongolen hielten fünf Tierarten, die so genannten «fünf Haustiere»: Pferde, Kamele, Rinder, Schafe und Ziegen. In früheren Jahrhunderten bewegten sie sich im jahreszeitlichen Zyklus von Sommer- und Winterweiden. Das Vieh befand sich im Besitz einzelner Haushalte oder kleinerer Gruppen von Haushalten. Der Begriff *nutugh* für die Weidegebiete bezeichnete bis zum späten 16., Anfang des 17. Jahrhunderts nicht ein fest umgrenztes Territorium, sondern das Recht auf die jahreszeitliche Nutzung eines bestimmten Weidegebiets, das dem *Obogh* in seiner Gesamtheit gehörte. Tatsächlich aber wurden die *nutugh* von den *Obogh*-Anführern verwaltet, die entschieden, welche Familien welche Weidegebiete zur Nutzung erhielten. Das Recht der Nutzung des Weidegebiets wurde durch den Kult der Territorialgottheit, des Herren des höchsten Berges der Region, erworben. Der Berggott verkörperte zugleich die mächtigsten Ahnengeister.

Die Tiere der Haushalte versorgten die Mongolen mit allem Lebensnotwendigen. Die Nahrung bestand vor allem aus

Fleisch- und Milchprodukten. Die Wolle der Tiere lieferte das Material für die Kleidung und den Filz für die Yurten. Der Dung wurde als Brennmaterial genutzt.

Die nomadische Weideviehhaltung bildete aber nicht die einzige Wirtschaftsform. Schon in der *Geheimen Geschichte* wird von den «Waldleuten» berichtet, die im Norden der Mongolei vor allem von der Jagd lebten. Darüber hinaus wurde in einzelnen Regionen auch Gerste, Hirse und Weizen angebaut.

Die Mongolen lebten in mobilen Behausungen, den so genannten *ger*, zu Deutsch «Yurten». Diese Filzzelte können mitsamt ihrer Einrichtung in einer Stunde auf- und wieder abgebaut werden. Früher wurden sie auf zwei oder drei Karren transportiert, heute geschieht das auf einem Lastwagen. Im 13. Jahrhundert waren permanente Yurten gebräuchlich, die zum Transport auf breiten Karren befestigt und beim Aufbau eines Lagers heruntergehoben wurden. Die Karren wurden hinter der Yurte aufgestellt und schützten sie. Drohte ein Angriff, stellte man sie im Kreis um die Yurten auf. Für die Mobilität und im Alltag waren die von Ochsen gezogenen Karren genauso wichtig wie die Pferde.

Im 19. und frühen 20. Jahrhundert gingen die Mongolen der inneren Mongolei dazu über, Lehmhütten in Yurtenform zu errichten. In *Küriye*, dem heutigen *Ulanbator*, lebten die Menschen im 19. Jahrhundert in feststehenden Yurten mit kleinen Höfen. Heute gibt es in Ulanbator viele Stadtviertel, die aus solchen Yurten-Höfen bestehen. Sie sind oft eingezäunt, und zu ihnen gehört ein kleiner Schuppen. Seit einigen Jahren werden die Yurten-Viertel an die Kanalisation, Wasser- und Stromversorgung angeschlossen.

Im 20. Jahrhundert hielten moderne Öfen und Ofenrohre ihren Einzug in die Yurten und sorgten für bessere Luftqualität, während Segeltuchplanen, über den Filz gelegt, sie wasserdichter machten. Die Yurte ist auch heute noch die bevorzugte Wohnform der Mongolen.

Religiöse Vorstellungen   Die religiöse Vorstellungswelt der Mongolen des 13. Jahrhunderts tritt uns in der *Geheimen Geschichte* entgegen: Die Mongolen verehrten den Himmel, der als «blauer» oder «ewiger» Himmel angesprochen wurde, und die «Mutter Erde» (*etügen*). In den nördlichen, bewaldeten Gebieten der Mongolei und in Burjatien galten in späteren Jahrhunderten Höhlen als «Mutterschoß» (*eke umai*). Von Dschingis Khan heißt es, dass er der Sonne Opfer darbrachte. Die ganze Natur wurde als belebt und mit den Menschen interagierend angesehen. Das ist noch heute so. Die Welt ist bevölkert von «Erdherren», «Wasserherren» und vielen anderen Gottheiten. In von Mongolen bewohnten Gebieten schmücken oft Stoffstreifen die Bäume und Büsche. Sie zeigen die Präsenz der Gottheiten an, die durch kleine Opfer wie einige Spritzer Milch günstig gestimmt werden müssen. Besonders verehrt werden die Berge, die von Reitergottheiten bewohnt werden. Der heilige Berg Burkhan Khaldun wird schon in der *Geheimen Geschichte* genannt. Auf den Bergpässen oder an Wegkreuzungen findet man Steinhaufen, die *obo*, in denen oft Zweige stecken, an denen ebenfalls bunte Stoffstreifen befestigt sind. Opfergaben liegen auf oder neben diesen Wohnsitzen der Territorialgottheiten. Auch die menschlichen Behausungen werden von Gottheiten bewohnt. Die Feuer- beziehungsweise Herdgottheit beschützt die Yurte und alle in ihr lebenden Personen. Das Feuer darf nicht ausgehen, und es gibt zahlreiche Verhaltensgebote gegenüber dem Herdfeuer, über die schon Johannes de Plano Carpini im 13. Jahrhundert berichtete. Die Feuergottheit gehört zur Familie, und der jüngste Sohn, der nach mongolischem Erbrecht die heimische Yurte übernimmt, heißt im Mongolischen *otcigin* oder *odqan köbegün*, «Sohn-Feuerherr».

Die hier angedeuteten religiösen Konzepte existieren neben dem heute bei den Mongolen dominanten Buddhismus. Oft sind sie auch eine Synthese mit buddhistischen Vorstellungen eingegangen.

Kontakt zu den die Welt bevölkernden Wesen stellten die Schamaninnen und Schamanen her. Im 13. Jahrhundert waren sie mächtige Persönlichkeiten, die enge Beziehungen zum Khan hatten. In späteren Jahrhunderten verloren sie ihre Machtstellung und wurden zuweilen sogar zu Außenseitern, obwohl sie bei Krankheiten, die oft als Verlust einer der Seelen des Menschen verstanden wurden, als Heiler gefragt waren. Heute erleben neben dem Buddhismus auch die Schamanen und Schamaninnen neuen Zulauf, besonders bei den Burjatmongolen, die den Buddhismus erst spät übernommen und schamanische Vorstellungen stärker bewahrt haben.

2. Die Eroberung der Welt: Dschingis Khan (1162–1227)

Die Geburt Dschingis Khans   Im 12. Jahrhundert stiegen die Mongolen unter Qabul Khan zu einem der führenden Völker der Steppe auf und wurden zu gefürchteten Gegenspielern der Jürchen, die die Jin-Dynastie in Nordchina gegründet hatten. Durch die dauernden Überfälle auf ihre Grenzstädte zermürbt, schlossen die Jürchen 1147 ein Friedensabkommen mit den Mongolen, das mit Vieh, Getreide und Seide teuer erkauft werden musste. Erst in den 1160er Jahren gelang es ihnen, die Mongolen zu besiegen, und in den nächsten Jahrzehnten rüsteten sie jährliche militärische Expeditionen gegen sie aus. Bis 1190 wurden die auf diesen Expeditionen gewonnenen mongolischen Sklaven auf den nordchinesischen Märkten verkauft. Die Mongolen mussten den Jürchen zudem einen jährlichen Tribut abliefern, der jedoch mehr eine Form staatlich subventionierten Handels darstellte.

Qabul Khans Urenkel Yisügei Baghatur war in der zweiten Hälfte des 12. Jahrhunderts einer der bedeutenderen mongolischen Anführer. Er gehörte zum Borjigin-Klan (*obogh*), der damals in Deli´ün Boldaq am Onon-Fluss sein Lager hatte. Der Ort wird oft mit dem heutigen Dadal Sum in der Khentei-Region identifiziert. Yisügei hatte seine Frau Höelün geraubt, eine damals gängige Praxis, sich eine Ehefrau zu beschaffen. 1162 oder 1167, das genaue Geburtsjahr ist nicht bekannt, gebar Höelün ihr erstes Kind, den Knaben Temüjin. Der spätere Dschingis Khan wurde der *Geheimen Geschichte* zufolge mit einem Blutklumpen in seiner rechten Hand geboren, dem Zeichen des furchtlosen und wilden Eroberers.

Temüjins Kindheit und Jugend waren entbehrungsreich. Sein Vater wurde ermordet, als er neun Jahre alt war, und die Familie daraufhin vom Rest des Stammes allein zurückgelassen. Während die *Geheime Geschichte* die harte Jugend des Helden bildgewaltig schildert, relativieren sowohl eine weitere mongolisch-chinesische Quelle als auch der persische Chronist Rashid al-Din dieses Bild. Beide deuten an, dass zumindest die Brüder Yesügeis der Familie beistanden.

Khan der Mongolen Temüjin begann früh, eine Gruppe von engen Weggefährten um sich zu scharen, die nach seiner Wahl zum Khan die Schlüsselpositionen in der sozialen und militärischen Administration des entstehenden mongolischen Reiches einnahmen. Der mongolische Begriff *nökör* bezeichnet einen Gefährten, der aus freiem Willen seine Treue und Unterstützung dem Anführer (beziehungsweise auch prospektiven Anführer) eines anderen Klans erklärt. Temüjins Gefährten, die in einer besonderen Vertrauensbeziehung zu ihm standen, gehörten später zur Elite in seiner Leibwache und unterstützten den Herrscher in Friedenszeiten in allen Verwaltungsbereichen, für die absolute persönliche Loyalität und Vertrauenswürdigkeit erforderlich waren.

Mit dem soziopolitischen Aufstieg Temüjins setzte sich der Borjigin-Klan als herrschender Klan bei den Mongolen durch. Temüjin und seine Brüder bildeten von nun an die «Goldene Familie», die in den folgenden Jahrzehnten auf über 20 000 Mitglieder anwuchs, wie der persische Historiker Juvaini 1257 ausgerechnet hat. Wahrscheinlich waren in dieser Zahl die Frauen, Kinder und Haushaltssklaven inbegriffen.

In einer Reihe von Kriegszügen und durch kluge Bündnispolitik gelang es Temüjin in einer Zeitspanne von knapp zwanzig Jahren, zwischen 1184 und 1204, sich die auf dem mongolischen Plateau siedelnden mongolischen und türkischen Völker untertan zu machen. Die Geschichte von Temüjins Aufstieg zum Herrscher eines riesigen Steppenimperiums ist charakterisiert durch ständig wechselnde militärische Allianzen und wechselndes Kriegsglück. Eine Datierung der einzelnen Ereignisse, die ausführlich in der *Geheimen Geschichte* und in Rashid al-Dins Chronik geschildert werden, ist schwierig, da nur sehr selten Jahreszahlen genannt werden. Im Gegensatz zu späterer mythischer Verklärung war Dschingis Khans Aufstieg jedoch nicht ein einziger langer Siegeszug, sondern immer wieder auch durch Niederlagen zurückgeworfen oder gar bedroht.

Nach der Vernichtung seines schärfsten Konkurrenten um die Vorherrschaft in der Steppe, seines Schwurbruders Jamuqa, wurde Temüjin auf einem *Quriltai*, einer Versammlung der Anführer der verschiedenen Steppenvölker, im Jahre 1206 zum Herrscher (*khan*) über alle «Völker in den Filzwandzelten», wie es in der *Geheimen Geschichte* heißt, erhoben. Eine mit neun Yak- respektive Pferdeschwänzen versehene weiße Standarte (*tuq*) wurde als sichtbares Symbol seiner Herrschermacht aufgerichtet und der Name *Dschingis Khan*, unter dem er fortan berühmt werden sollte, wurde ihm verliehen. Die genaue Bedeutung von *dschingis* ist nicht restlos geklärt. Die überzeugendste Erklärung ist die Ableitung aus einem türkischen Wort, nach dem *dschingis* so viel wie «hart, heftig, ungestüm» bedeutet.

In den Jahren 1204 bis 1209 reorganisierte Dschingis Khan seine Armee nach dem Dezimalsystem. In früheren nomadischen Reichen waren die Zehner-, Hundert-, Tausend- und Zehntausendschaften stets entlang Abstammungslinien organisiert und wurden von den Anführern der betreffenden Klane geleitet. Die von Dschingis Khan gebildeten militärischen Einheiten bestanden hingegen in den meisten Fällen aus Angehörigen verschiedener Klane und wurden von ihm persönlich ergebenen Gefährten (*nökör*) kommandiert. Mit ihrer Ernennung zu Anführern von Tausendschaften belohnte er sie und versicherte sich ihrer Loyalität. Die straffe militärische Organisation hatte einschneidende Auswirkungen auf die gesamte Sozialstruktur, da jeder über 15 Jahre alte Mongole zugleich auch Krieger war. Die neue Struktur ermöglichte auch, rasch und unkompliziert frühere Gegner in die Reihen der eigenen Truppen aufzunehmen. So gelang die Integration ethnisch, linguistisch und soziokulturell heterogener Gruppen in die neu geordnete Gemeinschaft, die sich *mongghol* nannte.

Die Eroberung der Welt Nach der Unterwerfung der Steppenvölker wandte sich Dschingis Khan seinen sesshaften Nachbarn zu. Zu Beginn ihrer Expansionsfeldzüge waren die Mongolen noch nicht auf territoriale Eroberung aus, sondern die Überfälle galten dem Ziel der Beutenahme und Tributverpflichtungen. Dschingis Khan wandte sich zuerst dem Reich der Tanguten zu, die Verbündete Nordchinas waren und einen großen Teil des Handels an der Seidenstraße kontrollierten. Sie wurden 1211 bezwungen. Schon 1209 hatten sich die Uiguren als erstes sesshaftes Volk den Mongolen freiwillig unterstellt und wurden durch die Aufnahme in die erweiterte Familie des Khans belohnt: Nicht nur ging Dschingis Khan mit dem uigurischen Herrscher eine Heiratsallianz ein, er erklärte ihn auch zu seinem fünften Sohn.

Dschingis Khan wandte sich nun der Jin-Dynastie in Nordchina zu, der er tributpflichtig war. Er verweigerte den fälligen Tribut, zog mit seinen Truppen nach Nordchina und schloss nach der Belagerung von Zhongdu (dem heutigen Beijing) 1212 ein Friedensabkommen mit den Jin, das den Mongolen reiche Tributzahlungen in Form von Gold, Pferden und Seide bescherte sowie eine Jürchen-Prinzessin, der das Los beschieden war, als Gattin eines Mongolen-Fürsten fortan in der Steppe zu residieren.

Die Jin begingen nun den Fehler, in aller Hast ihre Hauptstadt weiter in den Süden zu verlegen, eine Handlung, die von den Mongolen als Verletzung des Friedensabkommens betrachtet und mit der neuerlichen Belagerung und 1215 schließlich mit dem Sturm auf Zhongdu beantwortet wurde. Zur gleichen Zeit eroberten mongolische Truppen das mandschurische Hinterland. Dschingis Khan ließ in Zhongdu sowohl Truppen als auch seine Statthalter zurück und vollzog damit erstmals den Schritt vom Beutemachen zur dauerhaften Eroberung. Zu diesem Zeitpunkt wendeten die Mongolen auch das erste Mal eine Taktik an, die ganz wesentlich zum erfolgreichen Aufbau des riesigen Reiches beitrug: Sie rekrutierten gezielt «nützliche Leute», Handwerker, Verwaltungsbeamte, Schreiber, Militärtechniker und andere, deren Fähigkeiten sie für ihre Zwecke einsetzten. Die Offenheit der Mongolen, von anderen «die Gesetze und Bräuche der Städte» (*Geheime Geschichte*) zu lernen, hat letztlich die Konsolidierung des Weltreiches erst ermöglicht.

Den Auftakt zum Westfeldzug Dschingis Khans, der den Weg bis zu den Toren Europas bahnte, lieferte der Choresm-Schah, der Herrscher über das zweite große Reichsgebilde neben dem Jin-Reich. Das Reich von Choresm erstreckte sich über die Gebiete der heutigen mittelasiatischen Republiken Usbekistan, Kasachstan und Kirgistan bis in den Iran und stellte zur damaligen Zeit das mächtigste muslimische Reich dar. Dschingis Khan war zuerst nicht an einem Krieg interessiert; ihm war vielmehr daran gelegen, die unterbrochenen Handelsrouten zwischen Ost und West wiederzubeleben. Seine mehrfachen Bemühungen, Handelskontakte aufzunehmen, wurden jedoch mit der Ermordung seiner Unterhändler beantwortet. Daraufhin rüstete Dschingis Khan zum Feldzug gegen das Choresm-Reich. Dieser Feldzug sollte in das kollektive Gedächtnis der mittelasiatischen muslimischen Völker als blutiges Trauma eingehen, und noch heute werden die Kriegszüge der Mongolen von lokalen Politikern, aber auch von Intellektuellen gern für die Entwicklungsrückstände in der Region verantwortlich gemacht.

Im Jahr 1219 begann der Westfeldzug der Mongolen. Innerhalb von zwei Jahren fielen die großen Städte Transoxaniens, Buchara, Samarkand und Urgentsch. Die Mongolen hatten sich die technischen Fähigkeiten der Chinesen für die Belagerung ummauerter Städte zunutze gemacht und verwendeten Steinkatapulte sowie das in Westasien unbekannte Schießpulver. Sie gingen stets nach dem gleichen Muster vor: Zuerst wurden die Stadtoberen aufgefordert, sich freiwillig zu ergeben. Kamen diese der Aufforderung nicht nach, begann die Belagerung, und nach dem Fall der Stadt die Plünderung und Tötung der Einwohner. Es wurden jedoch stets die den Mongolen nützlichen Leute verschont. Dazu gehörten auch junge Männer, die eine lebende

Barriere vor den feindlichen Pfeilen in der nächsten Schlacht bildeten, und Frauen, die dem Vergnügen der mongolischen Krieger dienten. Die übrige männliche Bevölkerung wurde umgebracht. In den zerstörten transoxanischen Städten wurden aber schon bald Statthalter eingesetzt. Obwohl die Mongolen eine Schneise der Verwüstung hinterließen, war Dschingis Khan nicht an der Zerstörung der Region interessiert, sondern vor allem an der Beschaffung materieller und personeller Ressourcen für seine weiteren Kriegszüge sowie an Beute, um seine Gefolgsleute zufrieden zu stellen. Daher wurden die Städte zumindest teilweise wieder aufgebaut. Dies bezeugt sein Berater Yelü Chucai, der den Khan auf seinem Westfeldzug begleitete und in der Region bis zum Ende des Jahres 1225 blieb. Besonders das Wiederaufblühen des Ackerbaus in der Region straft die These Lügen, die Mongolen hätten das Land für die Nachkommen unbrauchbar hinterlassen. Dschingis Khan ließ Ackerbauern aus Nordchina – Chinesen, Tanguten und Kitan – umsiedeln. Als muslimische Gouverneure in den Städten eingesetzt wurden, kehrte auch ein Teil der ansässigen Bevölkerung, die sich in die umliegenden Berge geflüchtet hatte, zurück.

Inzwischen setzten die Mongolen dem fliehenden Choresm-Schah nach. Er rettete sich vor seinen Verfolgern auf eine kleine Insel im Kaspischen Meer, wo er bald darauf starb. Seine Verfolger zogen auf dem Rückweg durch Aserbeidschan und den Kaukasus bis zur Krim-Halbinsel und weiter in die russische Steppe, wo sie im Jahr 1223 ein vereinigtes Heer von Kiptschaken und Russen am Kalka-Fluss vernichtend schlugen. Die Region wurde jedoch nicht erobert, und die Mongolen ließen weder Garnisonen noch Statthalter zurück.

Die Beharrlichkeit, mit der ein Gegner auch über Jahre hinweg verfolgt wurde, fällt in den frühen Quellen zu den Mongolen immer wieder auf und belegt die Bedeutung der Rache im sozialen Normengefüge. Sie kulminiert in der mitleidlosen Vernichtung des militärischen Gegners. Die mongolischen militärischen Erfolge, selbst in dieser Frühzeit der Konstituierung des Reiches, lassen sich jedoch nicht auf die Brutalität des Vorgehens reduzieren, denn die viel zitierte Grausamkeit der Mongolen hält sich durchaus im Rahmen des damals sowohl in Europa wie auch in Asien auf Kriegszügen Üblichen.

Nach seinem erfolgreichen Westfeldzug kehrte Dschingis Khan rasch in die Heimat zurück, da er inzwischen Nachricht erhalten hatte, dass die Tanguten ihre Bündnispflichten verletzt hatten, was einer offenen Revolte gegen die mongolische Herrschaft gleichkam. 1226 begann daher ein neuer Feldzug gegen die Tanguten, der mit der völligen Zerstörung ihrer Hauptstadt endete. Auf diesem Feldzug aber fand Dschingis Khan im August 1227 den Tod. Die genaue Todesursache ist nicht bekannt. Gemäß mongolischer Tradition wurde er an einem geheimen Ort im Khentei-Gebirge beigesetzt. In einer ergreifenden Klage beweint einer seiner treuen Gefolgsleute das Ende des großen Herrschers: «Wie ein Falke schwebtest du daher; jetzt muss dich ein knarrender Wagen wegrollen, du mein Herrscher!»

Schon bald nach seinem Tod setzte die Verehrung Dschingis Khans als Ahnengottheit aller Mongolen ein. Sichtbarer Ausdruck dieser Verehrung sind die *Acht Weißen Zelte (naiman caghan ger)*, wohl zuerst die vier Palastyurten Dschingis Khans und seiner vier Hauptgemahlinnen, als Ort der Verehrung für die nach dem Tod weiter existierende Lebenskraft des Herrschers. Seit dem späten 15. Jahrhundert befinden sich die *Acht Weißen Zelte* im Ordos-Gebiet im Südwesten der heutigen Inneren Mongolei. Im 16. Jahrhundert wurde vor ihnen die Inthronisierung der mongolischen Großkhane inszeniert. Das Symbol Dschingis Khans als Ahnengottheit war darüber hinaus auch seine Standarte, die *Sülde*, die das Lebensprinzip des Herrschers verkörpert.

Der im 13. Jahrhundert etablierte Dschingis-Khan-Kult war Ahnenkult des Borjigid-Klans und zugleich Kult der Ahnengottheit aller Mongolen. Er war auch offizieller Herrscherkult im mongolischen Reich, und mit der Übernahme des Buddhismus kam noch ein buddhistisches Moment hinzu. Dschingis Khan wurde nun zu einer Emanation des Vajrapani, der zornvollen Manifestation des Bodhisattvas Avalokiteśvara. Als buddhistische Schutzgottheit wurde er seit dem 17. Jahrhundert verehrt.

Bis zur Mitte des 20. Jahrhunderts waren die *Acht Weißen*

Zelte im ganzen Ordos-Gebiet verstreut, bis sie 1956 auf Veranlassung der chinesischen Regierung in *Ejen Qoro* («Hof des Herrschers») zusammengeführt wurden. Ein festes «Mausoleum des Dschingis Khan» nach Art der Mausoleen für chinesische Kaiser wurde errichtet, in dem sich heute drei Palastzelte und Gegenstände des Dschingis-Khan-Kults befinden.

Herrschaftslegitimation Die Formel «Durch die Kraft des Ewigen Himmels» ist im 13. und 14. Jahrhundert in mongolischen Sendschreiben an europäische Könige und Päpste, in Erlassen und Befehlstafeln omnipräsent. Sie bezeugt den Glauben der Mongolen, durch den «Ewigen Himmel» (*möngke tengri*) ausersehen zu sein, die gesamte bekannte Welt zu erobern. Die vom Himmel dem Herrscher verliehene Kraft (*gücün*) werde sichtbar in seiner Herrschaft, die unter anderem mit den Worten *engke*, «Frieden», *amur*, «Eintracht», *tübsin*, «glatt, eben, ruhig, konsolidiert», und *jokildu*, «einträchtig sein», beschrieben wird. Der Anspruch zu herrschen erstreckte sich auf die ganze Welt. In der militärisch erfolgreichen Expansion des Reiches und seiner inneren Ordnung manifestierte sich die Gunst des Himmels. Schlug beides fehl, so hatte der Himmel dem Khan seine Gunst entzogen. Daher waren die mongolischen Khane nicht nur um militärische Erfolge bemüht, sondern sorgten auch für die materielle Absicherung ihrer Gefolgsleute. Rashid al-Din berichtet, dass Dschingis Khan während seines Feldzugs gegen den Choresm-Schah eine Umlage im Heer erhob, um die in Not geratenen in der Mongolei zurückgebliebenen Gefolgsleute und ihre Familien zu versorgen. Ögedei Khan führte eine Viehsteuer zugunsten der Armen und Bedürftigen im Reich ein. Der Herrscher hatte außerdem dafür zu sorgen, dass seinen Gefolgsleuten genügend Weideplätze und Wasser zur Verfügung standen.

Die innere Ordnung des mongolischen Reiches fiel schon den europäischen Reisenden des Mittelalters auf. Johannes de Plano Carpini stellte erstaunt fest: «Kriege, Streitigkeiten, Verletzungen, Morde geschehen unter ihnen niemals. Auch Räuber und Diebe wertvoller Dinge sind dort nicht zu finden.»

Der Herrscher hatte auch die Einhaltung der Gruppennormen

zu gewährleisten. So sagte Dschingis Khan laut Rashid al-Din, als er zum Khan erhoben wurde: «Ich werde die Zerstörung der Wohnsitze unserer Ahnen nicht zulassen, ich werde die Abkehr von unseren Lebensgewohnheiten und Bräuchen nicht erlauben.»

Die große Versammlung Trotz der großen Bedeutung der Herrscherpersönlichkeit war den Mongolen ein despotisches Herrschaftsprinzip fremd. Dies kommt exemplarisch in der Einrichtung des *Quriltai* zum Ausdruck, der Versammlung von Fürsten und militärischen Anführern, die zusammenkamen, um zum einen den neuen Herrscher zu wählen, zum anderen militärische Unternehmen zu diskutieren und zu planen. Bei den Mongolen des 12. bis 14. Jahrhunderts stellte der Quriltai eine große Versammlung der gesamten herrschenden Elite dar, die regelmäßig ein- bis zweimal im Jahr stattfand. Er dauerte zuweilen zwei ganze Monate. Da zu einem Quriltai auch die Frauen der Fürsten, die Schwiegersöhne des Herrschers, die Anführer der Tausend- und Zehntausendschaften sowie deren Frauen kamen und jedem Teilnehmer erlaubt war, zehn Gefolgsleute mitzubringen, war die Zahl der Teilnehmenden gewaltig. So fanden sich auf dem großen Quriltai von 1246 circa 5000 Menschen ein.

Die auf einem Quriltai veranstalteten Festgelage trugen dazu bei, dass eine gewisse Offenheit in der Diskussion der verschiedenen Kandidaten für die Würde des Großkhans herrschte. Die Versammlung musste entscheiden, welcher der Kandidaten aus der Reihe der Nachkommen Dschingis Khans tatsächlich das Wohlwollen des «Ewigen Himmels» besaß. Die Entscheidung musste einstimmig gefällt werden, was diejenigen, die abweichende Meinungen vertraten, unter großen psychischen und sozialen Druck setzte und dazu führte, dass manche mongolische Heerführer und Fürsten der Versammlung von vornherein fernblieben.

Die Institution des Quriltai wurde auch von den vier mongolischen Nachfolgereichen beibehalten, geriet aber nach dem 14. Jahrhundert in Vergessenheit.

Erste administrative Maßnahmen Dschingis Khan erkannte schon früh die Bedeutung der Schriftlichkeit für die Verwaltung des neu entstehenden Reiches. Die Yuan-Annalen berichten, dass er 1204 einen schriftkundigen Uiguren namens Tatatunga beauftragte, die uigurische Schrift der mongolischen Sprache anzupassen und so eine Schrift für das Mongolische zu entwerfen. Die ersten, die die neue Schrift lernten, waren die Söhne des Herrschers, deren Privatlehrer Tatatunga wurde. In der Periode des mongolischen Weltreiches dominierten die uigurischen Schreiber, obwohl nach 1210 auch zahlreiche schriftkundige Beamte aus Nordchina für die Verwaltung des Reiches rekrutiert wurden.

Ebenfalls 1204 gründete Dschingis Khan die Institution seiner persönlichen Leibwache, die aus der Organisation seines Haushalts hervorging. Die Leibwache bildete den Nukleus der Regierungsverwaltung. Da sie zugleich für die persönlichen Bedürfnisse des Khans und seines Haushalts zuständig war, begleitete sie den Khan auf seinen Feldzügen.

Auf dem Quriltai von 1206 richtete Dschingis Khan weitere Ämter für die zukünftige Verwaltung ein. Das Amt des Richters (*jarghuci*) übertrug er seinem engen Vertrauten, dem schriftkundigen Shigi Qutuqu, der später zum ersten obersten Richter des Reiches ernannt wurde. Ihm oblag die Aufsicht und Koordination des gesamten administrativen Apparats. Dschingis Khan beauftragte ihn auch, das Bevölkerungsregister zu führen, das notwendig war, um zum einen die Gefolgsleute und Untertanen unter den Fürsten und militärischen Anführern zu verteilen, zum anderen die gefällten Urteile als Präzedenzfälle für die Rechtsprechung zu dokumentieren.

Die Gesetzgebung Eng verbunden mit der administrativen Ordnung des Reiches war die Gesetzgebung (*Jasagh*), die sich auf Regierungsbelange, die militärische Administration, die Gerichtsbarkeit, die Verteilung der Beute nach Kriegszügen und anderes mehr bezog. Der *Jasagh* wurde von Dschingis Khan nach 1206 etabliert und fand seinen Abschluss mit seinem Tod im Jahr 1227. 1229, anlässlich der Thronbesteigung Ögedei

Khans, soll der *Jasagh* feierlich verkündet und anschließend in uigurischer Schrift und mongolischer Sprache niedergeschrieben worden sein. Es heißt, dass diese erste mongolische Gesetzgebung in Geheimarchiven aufbewahrt wurde und nur den ältesten Mitgliedern des Herrscherhauses zugänglich gewesen sei. Der *Jasagh* ist jedoch nicht in mongolischer Sprache überliefert, und wir kennen ihn nur fragmentarisch aus persischen und arabischen Quellen, in denen er ausführlich als *Yasa* zitiert wird. Es handelte sich nicht um einen formalen Gesetzeskodex, sondern um zuerst mündlich überlieferte Entscheidungen in einzelnen Rechtsfällen, die später niedergeschrieben wurden. Zur Zeit Möngke Khans (1251–1259) bestand der *Jasagh* aus schriftlichen Anweisungen, die auf den Reichsversammlungen konsultiert wurden.

Fast gleichbedeutend waren die zuerst mündlich überlieferten Weisheitssprüche (*bilig*) Dschingis Khans und seiner Gefährten. Sie wurden in der traditionellen mongolischen Versform des Stabreims abgefasst, bei der die einzelnen Zeilen eines Verses immer mit dem gleichen Buchstaben anfangen. Die *Bilig* enthalten Weisheiten, die die Staatsführung betreffen, aber auch alltagsrelevante Sprüche wie den folgenden: «Des guten Pferdes Schenkel sollen nicht fett werden, so sehr man es auch lieben mag!»

Der *Jasagh* übte besonders in den späteren mongolischen Teilreichen einen starken konservativen Einfluss aus. Neuerungen wie die Einführung chinesischer Verwaltungsstrukturen unter Qubilai Khan (reg. 1260–1294) wurden unter Verweis auf die «Gesetze und Bräuche Dschingis Khans» von konservativen Mongolen abgelehnt. Die unterworfenen Völker rezipierten die mongolische Gesetzgebung entsprechend ihren eigenen Wertvorstellungen. So wurde der *Jasagh* von muslimischen Gelehrten als der Scharia, dem islamischen Recht, vergleichbar angesehen, wobei Uneinigkeit herrschte, ob er mit dieser kompatibel sei oder nicht.

Wege zum Erfolg Das neu geschaffene Reich nannten die Mongolen *Yeke mongghol ulus*, «Große mongolische Nation». Das Tempo und der Erfolg der mongolischen Eroberungen erstaunen auch heute noch, und man fragt sich: Warum waren die mongolischen Truppen so erfolgreich? Beamte der auf die Mongolenherrschaft in China folgenden Ming-Dynastie (1368–1644) bemerkten lakonisch: «Die Mongolen sind gut im Reiten und Bogenschießen. Durch diesen Vorteil von Bogen und Pferd haben sie Besitz von der Welt genommen.» Diese Erklärung greift zu kurz, denn eine ganze Reihe von Faktoren trug zum Erfolg der Eroberungsfeldzüge bei. Die mongolischen Feldzüge, die einen überproportionalen und unkontrollierten Blutzoll unter der sesshaften Bevölkerung der eroberten Gebiete zu fordern schienen, folgten strategischen Überlegungen und nicht etwa sadistischen Neigungen der Eroberer, wie muslimische und europäische Chronisten den Mongolen oft unterstellten. Demographische Erwägungen spielten hier eine Rolle. Die Mongolen waren von Beginn an in den eroberten Gebieten zahlenmäßig unterlegen, und die Dezimierung der Bevölkerung war eine Methode, dieses demographische Ungleichgewicht etwas auszugleichen. Auffällig ist auch, dass die Mongolen auf ihren Eroberungszügen wesentlich größere Gebiete verwüsteten als sie schließlich tatsächlich besetzten. So etablierte Dschingis Khan seine Statthalter in Transoxanien, aber seine Truppen verwüsteten die gesamten umliegenden Regionen, Khorasan, Iran, Aserbeidschan und den Kaukasus. Der Zerstörungsgürtel, den die Mongolen um das Gebiet, in dem sie ihre politische Autorität etablierten, zogen, sorgte dafür, dass ihr politisch reklamiertes Territorium geschützt wurde, und er schaffte die Weidegründe, die die Armee für ihre mitgeführten Herden dringend brauchte.

Die Ansiedlung ethnisch und sprachlich divergenter Gruppen aus anderen Gebieten passte ebenfalls in die Strategie, einerseits die lokale Bevölkerung auszudünnen, andererseits den ökonomischen und administrativen Anforderungen des entstehenden Reiches gerecht zu werden. Das Vorgehen lässt auf eine zentrale logistische Planung schließen: Schon während des Westfeldzugs wurden systematisch Handwerker und andere Spezialisten registriert, in die mongolischen und uigurischen Gebiete sowie Nordchina abtransportiert und dort wieder angesiedelt. Gleichzeitig wurden chinesische und uigurische Spezialisten, aber auch

Ackerbauern oder Ärzte aus den Ostgebieten nach Westasien gebracht. Dem Handel wurde schon in den Anfängen des mongolischen Reiches Priorität eingeräumt. Trotz des enormen ökonomischen Aufwands, die Kriegsmaschinerie in Gang zu halten, wurden die Handelswege stets sorgfältig in Stand gehalten und ausgebaut, um den reibungslosen Verkehr der Truppenverbände, aber auch der Waren zu gewährleisten.

Die lokalen Eliten wurden zumeist eliminiert, und an ihrer Stelle wurden den Mongolen ergebene Statthalter, die aus anderen Gebieten stammten, eingesetzt. Diese lokalen Administrationen, die sowohl die zivile wie die militärische Autorität ausübten und mit Dschingis Khan loyal ergebenen Männern besetzt wurden, trugen zur raschen Implementierung der Herrschaft in den eroberten Gebieten bei.

Die Armee Im 13. Jahrhundert war die mongolische Armee gegenüber den Armeen früherer nomadischer Reiche wesentlich besser organisiert und hatte eine hervorragende Führung, was ihr logistisch anspruchsvolle militärische Operationen ermöglichte. Die Anführer der einzelnen Truppeneinheiten verdankten ihre Stellung allein ihren Fähigkeiten und ihrer Loyalität zum Khan. Dadurch standen Dschingis Khan Feldherren zur Verfügung, die militärische Operationen eigenständig planen und durchführen konnten, so dass die mongolischen Truppen gleichzeitig an verschiedenen Kriegsschauplätzen agieren konnten.

Dschingis Khan besaß 1206 eine geschätzte Truppenstärke von 95 000 Mann. In der mongolischen Armee herrschten äußerste Disziplin und absolute Loyalität der Soldaten ihren Anführern gegenüber. Auch kleinere Vergehen wurden hart bestraft. Die Todesstrafe stand auf Desertion oder Plünderung ohne explizite Erlaubnis. Ein kollektives Ethos trug die Armee: Nicht der einzelne Krieger und seine Wünsche zählten, sondern allein die Einheit, der er angehörte. Dieses Ethos wurde antrainiert, unter anderem in der großen Jagd (*nerge*), die jährlich durchgeführt wurde.

Die Feldzüge der Mongolen waren minutiös geplant. Zuerst musste die Zustimmung des «Ewigen Himmels» eingeholt werden durch schamanische Zeichendeuter. Positive Omen bestätigten die Rechtmäßigkeit des Unternehmens. Dann begann man, durch Späher gründliche Kenntnisse über den Feind und die geographischen Gegebenheiten zu sammeln. Auch während des Feldzugs sorgten Späher, die fünfzig Kilometer vor den heranrückenden Truppen das Terrain sicherten, für die notwendigen Informationen. Berittene Boten stellten die Koordination zwischen den einzelnen Truppeneinheiten sicher. Die Planung umfasste nicht nur die Routen der Armee, sondern vor allem auch die Möglichkeiten, die Herden weiden zu lassen. Ohne ausreichende Weidegründe war die Verpflegung der Truppen nicht gewährleistet. Da die mongolische Armee in einzelnen Truppenverbänden vorrückte, wurde während der Kampagnen ein Zeitplan für vereinbarte Treffpunkte erstellt.

Im Feld selbst erwies sich die mongolische Armee wegen ihrer größeren Beweglichkeit als allen anderen Armeen der Zeit überlegen. Die Rüstung der mongolischen Krieger bestand aus einem schweren, an der Taille mit einem Ledergürtel zusammengefassten Gewand, unter dem ein Untergewand, oft aus Seide, getragen wurde. Das Seidenuntergewand schützte zusätzlich vor Verletzungen. Wenn ein gegnerischer Pfeil eine Wunde verursachte, wurde die Pfeilspitze von der Seide aufgehalten, und der Pfeil konnte später leichter entfernt werden. Über dem Obergewand wurde ein Panzer, entweder aus kleinen Eisenringen oder hartem Leder, getragen, der nicht viel mehr als zehn Kilogramm wog. Das benutzte Leder wurde durch Kochen geschmeidig gemacht und anschließend mit einem Lack eingerieben, der es wasserabweisend machte. Die unbeschlagenen kleinen und schnellen Pferde wurden ebenfalls durch einen Lamellenpanzer geschützt, der sie ganz bedeckte. Jeder Krieger führte zwei bis acht Pferde mit sich, wobei fünf bis sechs die Norm darstellten.

Die stärkste Waffe der mongolischen Truppen waren die Reflexbögen, von denen ein Krieger gewöhnlich zwei bis drei mit einer entsprechenden Anzahl von Pfeilen bei sich hatte. Die metallenen Pfeilspitzen wurden im Feuer erhitzt und anschließend in Salzwasser getaucht. Sie waren so hart, dass sie eine Rüstung mühelos durchschlagen konnten. In der Technik des Bogenschießens waren die Mongolen allen Gegnern überlegen. Sie schreckten nicht vor Überraschungsangriffen, Hinterhalten oder vorgetäuschten Rückzügen zurück, ein Verhalten, das des Öfteren dem Ehrenkodex der ihnen gegenüber stehenden Armeen widersprach und entsprechend missverstanden wurde. Darüber hinaus bedienten sich die Mongolen wohl das erste Mal in der Geschichte einer gezielten psychologischen Kriegsführung. Sie verbreiteten mit Absicht das Bild von Schonungslosigkeit und Grausamkeit, um den Gegner durch Furcht zum Einlenken zu zwingen. Die grausamen Massaker an den Bewohnern von Städten, die sich ihnen widersetzt hatten, dienten auch dazu, die nächste Belagerung im Vorfeld zu vermeiden, weil die Bevölkerung, durch das abschreckende Beispiel mürbe geworden, sich ohne Kampf ergab. Entzogen sich gegnerische Anführer durch Flucht, wurden sie gejagt und eliminiert.

Rashid al-Din nennt für 1227, das Todesjahr Dschingis Khans, eine mongolische Truppenstärke von 123 000. Hinzu kamen Sklaven, die die Soldaten begleiteten, und eine Herde von Schafen und Ziegen, um die Verpflegung zu sichern. Obwohl die Zahlen umstritten sind, müssen wir uns tatsächlich riesige Herden von Tieren vorstellen, die mit der Armee zogen und Weidegründe benötigten. Man hat ausgerechnet, dass die mongolische Armee beim Feldzug gegen den Choresm-Schah circa 800 000 Personen umfasste und etwa vier Millionen Pferde und 24 Millionen Schafe und Ziegen mit sich führte. Diese Zahl ist kaum vorstellbar. Daher argumentiert der Historiker David Morgan, die Zahlen unserer Quellen seien nicht wörtlich zu nehmen, weil das Land eine solch große Zahl von Menschen und Tieren gar nicht habe ernähren können. Dieser ökologische Faktor ist in Bezug auf die mongolischen Feldzüge von herausragender Bedeutung. Wenn das Land, durch das die Mongolen zogen, zu trocken war, konnten die mitgeführten Tiere nicht ernährt werden, was zu Versorgungsengpässen führte. Morgan glaubt daher, dass der vergebliche Versuch der Mongolen, Syrien zu erobern, vor allem dem Mangel an Weideplätzen zuzuschreiben ist. Der Erfolg der Feldzüge hing also wesentlich von den Versorgungsmöglichkeiten der Truppen ab, und dieser Faktor wurde in die Planung einbezogen.

3. Expansion und Konsolidierung des Reiches
(1227–1259)

Das Weltreich als Familienunternehmen Dschingis Khan bestimmte seinen dritten Sohn Ögedei zu seinem Nachfolger, entgegen dem mongolischen Brauch, den jüngsten Sohn die Nachfolge antreten zu lassen. 1227 umfassten die mongolischen Eroberungen eine riesige Landfläche, die von China bis nach Europa reichte. Sie wurde nicht als Besitz des jeweiligen Herrschers angesehen, sondern als gemeinsamer Besitz der herrscherlichen «goldenen Familie», die auch die weiblichen Mitglieder einschloss. Dschingis Khan hatte der Tradition nach jedem seiner vier Söhne ein Gebiet zugestanden, das in den Quellen *ulus* genannt wird und vom *qol-un ulus*, dem «Ulus des Zentrums», dem der Großkhan selbst vorstand, unterschieden wurde. Die Grenzen der *ulus* waren nicht fixiert, was den Grundstein für die späteren Streitigkeiten zwischen den Nachkommen Dschingis Khans legte. Der Sohn des ältesten Sohns Joci (gest. 1227), Batu Khan, erhielt als seinen Anteil die am weitesten entfernten Gebiete im Westen zugeteilt, von der kasachischen Steppe bis zu den Gebieten der Kiewer Rus. Der zweitälteste Sohn Caghatai erhielt Westturkestan (Transoxanien), während Ögedeis Anteil sich von der Dzungarei bis in die Mongolei erstreckte. Da der jüngste Sohn immer die heimische Yurte mit dem nicht verlöschenden Herdfeuer erbt, wurden Tolui die Stammlande in der östlichen Mongolei zugeteilt. Er führte bis zum Quriltai von 1229, auf dem Ögedei offiziell zum Herrscher gewählt wurde, auch die Regentschaft über das Reich.

Neben der Zuweisung einzelner großer Regionen an die vier Söhne und ihre Nachkommen wurden die im heutigen China und Tibet liegenden Gebiete von Beginn an stückweise an die Fürsten und Gefolgsleute vergeben, eine Praxis, die später so auch in Iran verfolgt wurde. Das System des *qubi* («Anteil»), der anteilmäßigen Verteilung von Gütern, ist schon in der *Geheimen Geschichte* dokumentiert. Die Umverteilung von Gütern unter Verwandten und Gefolgsleuten stellte eine zentrale nomadische soziale Praxis dar und war für die politische Kultur des entstehenden Reiches von grundlegender Bedeutung. Die Verteilung konnte unterschiedliche Züge annehmen, wie die Organisation von großen Festgelagen oder die Verteilung von Kleidung und Schmuck nach erfolgreichen Kriegszügen. Als für die innere Organisation des Reiches am wichtigsten erwies sich die Zuteilung von Haushalten und Weideland als Apanage an die Mitglieder des Borjigin-Klans und ihre wichtigsten Gefolgsleute.

Die Konflikte, die in den Jahrzehnten nach Dschingis Khans Tod das Reich zu spalten drohten, entstanden durch das System der «Anteile». Die mongolische Zentralregierung in der damaligen Hauptstadt Karakorum versuchte, den Zugriff der dschingisidischen Fürsten auf ihre Apanagen zu kontrollieren und gegebenenfalls ihre Autorität einzuschränken. Dies wird besonders evident in den Maßnahmen, die Dschingis Khans Enkel Möngke kurz nach seiner Ernennung zum Großkhan 1251 ergriff: Er etablierte sowohl in China als auch in Iran eine direkte Kontrolle durch die Tolui-Linie der Dschingisiden, indem er seinen Brüdern Qubilai und Hülegü diese Gebiete als Apanagen zuteilte. Aus dieser Bevorzugung der Tolui-Linie resultierten massive Konflikte mit den drei verbleibenden Dschingisiden-Linien, die letztlich nicht nur zur Herausbildung der beiden Nachfolgereiche in Iran und China, sondern auch zu kriegerischen Auseinandersetzungen zwischen diesen beiden verbündeten Reichen und den übrigen Dschingisiden führte.

Betrachtet man das System der Apanagen aus einer diachronen und transregionalen Perspektive, so wird deutlich, dass durch die Vergabe der «Anteile» an Dschingisiden aus verschiedenen Erbfolge-Linien ein Netzwerk von Beziehungen entstand, das ethnische und kulturelle Grenzen unterlief und das Fundament für den kulturellen Austausch zwischen Europa, dem mittleren Osten und Asien bildete, der das 13. und 14. Jahrhundert prägte.

Die Hauptstadt Karakorum Ögedei Khan setzte die Expansionspolitik seines Vaters fort. Unter seiner Herrschaft wurde 1234 im Osten das Jin-Reich endgültig besiegt, im Westen wurden Russland und die osteuropäischen Regionen erobert, und im Süden drangen mongolische Truppen ins Indus-Tal und nach Lahore vor. Während sich der Herrschaftsbereich der Mongolen immer weiter ausdehnte, verstärkten sich die Bestrebungen, dem Reich eine städtebauliche Mitte zu geben. Die Mongolen knüpften hier an die Tradition früherer innerasiatischer Steppenimperien an, die befestigte Stadtanlagen hervorgebracht hatten. Der eigentliche Ausbau der Hauptstadt Karakorum, etwa 370 km südwestlich des heutigen Ulanbator im Tal des Orkhon gelegen, begann 1235, obwohl ihre Grundsteinlegung der Überlieferung nach schon 1220 durch Dschingis Khan erfolgte. Im 13. Jahrhundert stellte diese Stadt mitten im Grasland eines der wichtigsten Machtzentren der mittelalterlichen eurasiatischen Welt dar. In den Schilderungen der europäischen Reisenden dieser Zeit entsteht das Bild einer kosmopolitischen Stadt. Sie war in einzelne Quartiere unterteilt und von einer Stadtmauer umgeben. Man traf hier auf russische Goldschmiede, deutsche Bergleute, uigurische Kanzleibeamte, armenische und indische Händler. Oftmals beschrieben ist der Silberbaum, der für Möngke Khan von dem französischen Bildhauer und Architekten Guillaume Boucher konstruiert worden war und schlangenartige Äste besaß, die unter Musikbegleitung die vom Herrscher gewünschten alkoholischen Getränke spendeten. Eine Abbildung des Baumes schmückt heute die Rückseite zweier mongolischer Geldscheine. Karakorum war eine multiethnische und multireligiöse Stadt. Es gab ein chinesisches Handwerkerviertel, ein muslimisches Viertel mit zwei Moscheen, eine nestorianisch-christliche Kirche, deren Innenausstattung ebenfalls von Boucher gestaltet worden war, und eine Reihe von tibetisch-buddhistischen und anderen Tempeln, die die religiöse Pluralität des Reiches abbildeten. Obwohl Karakorum während der Yuan-Dynastie von den mongolischen Herrschern zugunsten von Beijing als Hauptstadt aufgegeben wurde, blieb sie doch ein bedeutendes Zentrum in der Steppe, in den Worten des arabischen

Historiographen Al-Umari (1301–1349) «eine prächtige Stadt, Garnison eines Großteils der kaiserlichen Truppen und Produktionszentrum für feine kostbare Textilien und Luxusartikel.» Nach 1368 wurde Karakorum wieder zur mongolischen Hauptstadt. Einige Jahre später, 1380, zerstörten chinesische Truppen in einer Strafexpedition die Stadt. Heute wird die alte Hauptstadt des Mongolenreiches von mongolischen und deutschen Archäologen ausgegraben.

Das Jahrzehnt der Frauen   Als Ögedei 1241 starb, «besiegt vom Wein» (*Geheime Geschichte*), begann eine Zeit des Interregnums, die die politische Problematik der mongolischen Erbfolgeregelungen illustriert. Obwohl Dschingis Khan selbst Ögedei zu seinem Nachfolger bestimmt hatte, war dessen Nominierung zum Khan nicht unumstritten. Chinesische, persische und mongolische Quellen berichten übereinstimmend, dass es unter den mongolischen Fürsten auch Stimmen gab, die den jüngsten Sohn Tolui bevorzugten. Ögedeis Herrschaft wurde öffentlich nicht angefochten, wohl aber entstanden schon während seiner Regierungszeit Spannungen zwischen den einzelnen Dschingisidenlinien, die nach seinem Tod offen zutage traten. Besonders ausgeprägt waren die Konflikte zwischen den Nachkommen von Ögedei und von Joci, Dschingis Khans ältestem Sohn. Batu, Jocis Sohn, und Güyüg, Ögedeis Sohn, machten aus ihrer gegenseitigen Abneigung keinen Hehl.

Mongolischer Tradition gemäß übernahm nach Ögedeis Tod seine Witwe Töregene die Regierungsgeschäfte. Ihre Regentschaft fand erst mit dem Quriltai von 1246 ein Ende, auf dem Güyüg als Großkhan bestätigt wurde. Er war ein schwacher Herrscher, dem Alkohol und dem materiellen Luxus ergeben. In seiner kurzen Herrschaft häufte er bei den Handelskompanien, die den transkontinentalen Handel im 13. Jahrhundert dominierten, Schulden im Umfang von 500 000 Silberbarren an.

Nach Güyügs Tod übernahm seine Witwe die Regentschaft. Drei Jahre später wurde der über ein Jahrzehnt schwelende Machtkampf zwischen der Ögedei- und der Tolui-Linie endgültig zugunsten Toluis entschieden. Auf einem 1251 einberufenen

Quriltai wurde Möngke als Großkhan bestätigt. Als eigentliche «Königsmacherin» hinter den Kulissen erwies sich Sorqaqtani Beki, die Witwe Toluis, die nach dessen frühem Tod nicht erneut geheiratet, sondern sich der Erziehung ihrer vier Söhne Hülegü, Möngke, Qubilai und Arigh Böge gewidmet hatte, und von Rashid al-Din ob ihrer «Charakterstärke, Bescheidenheit, Keuschheit» hoch gelobt wurde. Sorqaqtani war nestorianische Christin. In Europa wurde sie bekannt durch den Bericht des Johannes de Plano Carpini, der über sie bemerkte: «Sie ist die Herrin über alle Tartaren [...], und man nennt sie größer und mächtiger als alle mit Ausnahme Batus.»

Das Reich unter Möngke Khan Mit der Machtübernahme der Tolui-Linie begann die Verfolgung der Verlierer, vor allem aus den Linien Ögedeis und Caghatais. Möngke entsandte Suchtrupps zum Aufspüren derjenigen, die sich seiner Herrschaftsübernahme widersetzt hatten. Sie wurden vor Gericht gestellt und als Verräter verurteilt. Dies betraf auch in Diensten der Mongolen stehende hohe Verwaltungsbeamte und sogar die Herrscher unterworfener Reiche. Auffallend ist der juristische Charakter der Ausschaltung von Möngke Khans Widersachern. Er ließ sie nicht einfach töten, sondern benutzte die Hinrichtung oder Verbannung nach einem Gerichtsverfahren, um die Legitimität seiner Herrschaft zu bekräftigen.

Unter Möngke Khan wurden Regierung und Verwaltung des Reiches weiter zentralisiert. Zum Zweck einer Reform des Steuer- und Postwesens wurde ein reichsweiter Zensus durchgeführt. Manche abgelegene Regionen des Reiches erfuhren nun das erste Mal die ökonomische Last der mongolischen Herrschaft, was zu lokalen Aufständen führte, die jedoch schnell niedergeschlagen wurden. Möngke Khan betrieb wie seine Vorgänger die weitere Expansion. Sein Augenmerk galt insbesondere Südchina, dessen Eroberung aber erst seinem Bruder und Nachfolger Qubilai Khan gelingen sollte. Seinen Bruder Hülegü entsandte er nach Iran. Die mongolische Herrschaft sollte bis nach Syrien und Ägypten ausgedehnt werden.

Die Reichsverwaltung   «Man kann zwar ein Reich vom Rücken der Pferde her erobern, aber man kann es nicht vom Rücken der Pferde aus verwalten.» Diese berühmte Mahnung des Ministers Yelü Chucai an Ögedei Khan charakterisiert treffend die strukturellen Probleme, mit denen die mongolischen Herrscher zu kämpfen hatten. Ögedei Khan festigte die Grundlagen für die relative politische Stabilität des riesigen Reiches und baute sie aus. Schriftlichkeit spielte eine herausragende Rolle für die administrative Funktionsfähigkeit. Die hauptsächlichen Zentren des mongolischen Weltreiches waren denn auch die Verwaltungsbüros, in denen administrative und juristische Dokumente verfasst und aufbewahrt wurden. Das wichtigste Amt war das des *darughaci*, des «Regierungsstatthalters», dem die Oberaufsicht über die Regierungsverwaltung in den einzelnen Territorien oblag. Es stellte meistens die Belohnung für einen erwiesenen Dienst dar. Die Statthalter wiesen einen heterogenen ethnischen und religiösen Hintergrund auf, sie waren immer schriftkundig und mehrsprachig und besaßen Erfahrung entweder als Kaufleute im transregionalen Fernhandel oder in der Verwaltung früherer nomadischer Reiche wie der Kitan oder der Uiguren. Sie wurden auf Posten fern ihrer Heimat berufen, so dass die Gefahr eines Bündnisses mit der Bevölkerung vor Ort gering war.

Eine einheitliche Währung für das Reich existierte nicht, stattdessen waren diverse lokale Währungen in Umlauf, einschließlich des schon 1236 eingeführten Papiergeldes. In der Praxis wurde allerdings Silber bevorzugt. Die Mongolen adaptierten das türkisch-persische *Ortoq*(= «Partner»)-System, in dem die mongolischen Herrscher und Edlen gegen Zins Silber aus dem Staatshaushalt an Kaufleute und Geldverleiher als Kapital verliehen. Die *Ortoq*-Kaufleute und Geldverleiher verliehen ihrerseits zu einem hohen Zins das für die Steuern benötigte Silber. Dieses System stellte eine harte Belastung für die Bevölkerung dar, die die mongolischen Herrscher durch eine Beschränkung des Zinssatzes zu lindern versuchten, jedoch ohne nennenswerten Erfolg.

Wie das Steuersystem im mongolischen Reich im Detail aussah, ist aus den Quellen nur unzureichend zu rekonstruieren. Persische Quellen verzeichnen allein ungefähr 45 verschiedene Begriffe für die Besteuerung. Die traditionelle mongolische Besteuerung war in Tribut (*alba*) und Abgabe (*qubcighur*) unterteilt. Der *qubcighur* stellte eine einprozentige Abgabe auf die Herden und die Wolle dar, die von den Nomaden an den Herrscher gezahlt wurde. Sie konnte bei Bedarf auch spontan erhoben werden. Ab 1252 wurde der Begriff für eine Art Kopfsteuer verwendet, die auf die sesshafte Bevölkerung in Iran und Mittelasien erhoben wurde. Eine weitere Steuer von gewöhnlich fünf Prozent auf alle geschäftlichen Transaktionen hieß *tamagha*. Sie wurde sowohl auf Dienstleistungen, unter die auch die Prostitution fiel, als auch auf Handelswaren erhoben.

Die Vielfalt der Steuerabgaben spricht dafür, dass es sich bei dem mongolischen Steuersystem des 13. und 14. Jahrhunderts um ein pragmatisches System handelte, das je nach Bedarf den Umständen und den Bedürfnissen der Herrschenden angepasst wurde. Zweifellos stellte es für die Regionen unter mongolischer Herrschaft eine große Belastung dar, denn es wurde oft, zumindest ist dies aus den islamischen Gebieten bekannt, zusätzlich zu den vormongolischen Steuern erhoben. Mongolische Herrschaft bedeutete damit für die Bevölkerung der unterworfenen Gebiete eine ökonomische Ausbeutung, die oftmals die Grenze des Erträglichen überschritt.

Das Kanzleiwesen wies im mongolischen Reich ein hohes Maß an Einheitlichkeit auf, wie durch die in einer Reihe von Sprachen überlieferten Herrscherurkunden (*jarligh*) vielfach belegt ist. Sie dokumentieren die Gewährung von Steuerfreiheit, die Festsetzung von Privilegien für religiöse Institutionen oder Vollmachten, die Poststationen zu benutzen. Für letztere wurden zusätzlich die sogenannten *paiza* ausgegeben, kleine Täfelchen, die ihren Trägern Autorität verliehen, Dienstleistungen oder Waren von der Zivilbevölkerung zu beziehen.

Die vielleicht erfolgreichste administrative Institution des mongolischen Weltreiches, die auch am besten dokumentiert ist, ist das Postwesen (*jam*), das einer Vielzahl von Zwecken diente. Es stellte die rasche Übermittlung herrscherlicher Anordnungen ebenso sicher wie den Warenverkehr im Reich. Auch für Spionagedienste im Vorfeld neuer Kriegszüge wurde es genutzt. Das System wurde häufig von Kaufleuten sowie von mongolischen Fürsten missbraucht, die seine Nutzung mit Waffengewalt von den *Jam*-Beamten erzwangen. Wir wissen hiervon durch die zahlreichen Edikte, die diese Praktiken verboten.

Das Postwesen wurde von Ögedei Khan zu Beginn seiner Herrschaft eingerichtet, zuerst nur in den Gebieten, die ihm direkt unterstanden. Relativ schnell wurde es in den anderen Reichsgebieten übernommen. Die Stationen hielten frische Pferde, Verpflegung und oft auch Unterkünfte für die Reisenden bereit. Für ihren Unterhalt musste die lokale Bevölkerung aufkommen. Die Bewirtschaftung oblag extra zugeteilten Haushalten, die entweder aus der lokalen Bevölkerung rekrutiert oder aus anderen Reichsgebieten umgesiedelt worden waren. Poststationen wurden in einer Distanz von einer Tagesreise errichtet, was nach Marco Polo, von dem wir eine detaillierte Beschreibung des Postwesens besitzen, 40 bis 48 Kilometer beträgt. In wenig besiedeltem Land war der Abstand größer, circa 56 bis 64 Kilometer. Dringende Botschaften konnten wesentlich schneller befördert werden. Botschafter konnten auf den Postwegen zwischen 320 und 480 Kilometer am Tag zurücklegen. Die Kuriere machten sich vor ihrer Ankunft an der Poststation bemerkbar, entweder durch einen Gürtel mit kleinen Glöckchen oder durch ein Horn, in das sie bliesen. Bei ihrer Ankunft stand schon ein frisches Pferd bereit, so dass sie sofort weiterreiten konnten. In manchen Regionen wurden die Reiter durch Läufer ersetzt. Marco Polo berichtet, dass zwischen den Hauptstationen alle fünf Kilometer ein Dorf errichtet wurde, in denen die Läufer wohnten. In Iran wohnten Rashid al-Din zufolge in jeder Poststation zwei Läufer.

Der Umgang mit religiöser Pluralität   Al-Umari bemerkt in seiner Chronik erstaunt, dass der Großkhan «als Ungläubiger die vielen muslimischen Gemeinden [...] unter seinem Volk achtet und respektiert.» Im mongolischen Reich galt eine Pluralität der Religionen. Aus dem 13. und 14. Jahrhundert sind Steuerbefreiungserlasse für den Klerus der im Reich präsenten Religionen überliefert. Der älteste dieser Erlasse wurde der Legende nach von Dschingis Khan selbst im Jahr 1223 für einen daoistischen Abt angefertigt, der von dem Herrscher in die Mongolei eingeladen worden war, angeblich um ihm das Geheimnis der Unsterblichkeit zu entlocken.

In der tibetischen Biographiensammlung der Äbte des westtibetischen Klosters Sakya finden sich zwei Erlasse Qubilai Khans aus den Jahren 1254 und 1264 im Wortlaut. In dem Erlass, der 1264 an die tibetische Geistlichkeit erging, heißt es:

«Ohne sie [= die Mönchsgemeinde] zu irgendeiner Kriegsdienstleistung, Steuer und Dienstleistung zu verpflichten, sorgt dafür, dass sie so leben, dass sie [...] dem Himmel opfern und für mich Wunschgebete beten.»

Die Geistlichkeit der verschiedenen religiösen Traditionen war von Steuern und Kriegsdienst befreit. Sie musste auch nicht die üblichen Dienstleistungen für die Gesandten des Khans erbringen, wie frische Pferde und Lebensmittel bereitstellen. Im Gegenzug musste der Klerus seine Dienste dem mongolischen Herrscherhaus zur Verfügung stellen. Darüber hinaus hatte die religiöse Toleranz der Mongolen dort ihre Grenze, wo durch divergierende Konzepte die Anerkennung der mongolischen sozioreligiösen Normen und rituellen Praktiken in Frage gestellt wurde. So berichtet Johannes de Plano Carpini, dass der russische Fürst Michail Vsevolodovitsch am 20. September des Jahres 1246 im Lager Batu Khans getötet wurde, weil er sich weigerte, Dschingis Khan als Ahnengottheit seine Verehrung zu erweisen.

Von den christlichen Gesandten am Hofe der Khane wurden zwar Aussagen zu einer religiösen Pluralität überliefert, die die Gleichwertigkeit und Gleichberechtigung der verschiedenen religiösen Traditionen suggeriert. Aber in den von den mongolischen Herrschern unterstützten «Religionsgesprächen» zwischen Buddhisten, Daoisten, Muslimen und Christen, in denen es den Beteiligten um die religiöse Wahrheitsfrage ging, waren mongolische Schamaninnen und Schamanen nicht vertreten. Jedenfalls werden sie in den Quellen nicht erwähnt. Wenn sie

anwesend waren, dann anscheinend nicht als aktiv Partizipie-
rende. Der Glaube an den «Ewigen Himmel» bedurfte nicht der
Bestätigung in philosophischen und theologischen Debatten, da
seine Infragestellung zugleich die Infragestellung der Legitimität
der mongolischen Herrschaft bedeutet hätte. Die Grenzen der
religiösen Pluralität wurden damit im machtpolitischen Diskurs
ausgehandelt: Wenn die Religionsausübung die mongolische
Herrschaft bedrohte, antworteten die Mongolen mit Gewalt.
Der religiöse Ausschließlichkeitsanspruch der vorderorientali-
schen Traditionen hingegen war den Mongolen unverständlich.
So schreibt noch der Il-Khan Arghun 1290 an Papst Nikolaus
IV. angesichts der wiederholten Aufrufe zur Taufe von Seiten der
christlichen Könige und des Papstes:

«Wenn man allein zum ewigen Himmel betet und wenn man
so glaubt, wie es sich gehört, ist das nicht ebenso, wie wenn man
zum Christentum übergetreten wäre?»

Während sich die mongolischen Herrscher bis zu Möngke
Khan (gest. 1259) nicht zu einer der großen religiösen Traditionen ihrer Zeit bekannten, sondern an ihren eigenen religiösen
Weltdeutungskonzepten festhielten, änderte sich dies nach
1259. Die Herrscher des Il-Khanats traten bald zum Islam über,
während in der Yuan-Dynastie in China der tibetische Buddhismus eine Sonderstellung einnahm. Entgegen der Darstellung in
späteren tibetisch-buddhistischen Geschichtswerken kann der
erste Herrscher der Yuan-Dynastie, Qubilai Khan, aber nicht als
Buddhist in einem exklusivistischen Sinn bezeichnet werden.
1263 ordnete er die Errichtung eines Tempels zur Ahnenvereh-
rung in Beijing an, der 1266 vollendet wurde. Eine offizielle Ah-
nenverehrung hatte schon unter Möngke Khan begonnen, unter
Qubilai wurde sie formalisiert, und die mongolischen autochthonen Rituale wurden bewusst mit chinesischen und buddhistischen
religiösen Elementen verbunden. Das die disparaten religiösen
Konzepte verbindende Element war ihre herrschaftslegitimie-
rende Funktion.

Trotz der nebeneinander bestehenden religiösen Traditionen
setzte im Yuan-Reich nach 1260 ein Singularisierungsprozess
ein, der den Buddhismus als vom Herrscher und den mongoli-

schen Eliten bevorzugte Religion auswies. Qubilai Khan richtete ein Religionsamt ein, das sämtliche Fragen regelte, die religiöse Institutionen betrafen. Dem Amt stand ein tibetisch-buddhistischer Mönch vor. Wie sich die tibetisch-buddhistische Geistlichkeit gegenüber den Vertretern anderer Religionen verhielt, ist nicht bekannt. Für die Annahme, dass Religionsfreiheit auch unter den Yuan-Herrschern, die dem tibetischen Buddhismus eine Vorrangstellung einräumten, gewährleistet war, spricht die Einrichtung des Erzbistums Khan Baliq (das heutige Beijing) im Jahr 1307 durch Papst Clemens V. Khan Baliq war die erste Missionskirchenprovinz, die sämtliche Gebiete der «Tartaren» und Indien, mithin einen Großteil Süd- und Zentralasiens, umfasste. Der erste Erzbischof von Khan Baliq wurde der Franziskaner Johannes von Monte Corvino, der Anfang der neunziger Jahre des 13. Jahrhunderts nach Asien zog und dort fast 40 Jahre lang tätig war. Er starb hochbetagt 1328/30 in Beijing.

4. Die Nachfolgereiche (1260–15. Jahrhundert)

Als Möngke Khan 1259 während eines Feldzugs in China starb, kam es erneut zum Streit um die Nachfolge. Nachdem Qubilai sich entgegen mongolischer Tradition 1260 selbst zum Großkhan proklamiert hatte, tat es ihm sein Bruder Arigh Böge auf einem Quriltai gleich. Es folgte ein vierjähriger Bürgerkrieg, den Qubilai schließlich für sich entschied. Der Streit um die Erbfolge, der bei der Wahl Möngke Khans noch keine Konsequenzen gehabt hatte, führte nun zum Auseinanderbrechen des Reiches und seiner Aufsplitterung in vier Teilreiche. Die Gründe hierfür sind komplex. Entscheidend waren sicherlich die machtpolitischen Auseinandersetzungen zwischen den einzelnen dschingisidischen Linien, die unter Möngke Khans starker Zentralregierung noch ausgeglichen werden konnten. Mit dem offenen Krieg nach seinem Tod endete der mühsam ausgehandelte Kompromiss, und die Eigeninteressen der einzelnen Nachkommen Dschingis Khans nahmen überhand. Ein weiterer Grund für den Zerfall des Weltreiches lag sicherlich in seiner ethnischen, kulturellen und linguistischen Vielfalt. Die Mongolen bildeten in den einzelnen Reichsgebieten stets nur eine kleine Erobererschicht, die der regionalen Bevölkerung gegenüberstand. Die Bewahrung der eigenen sprachlichen und kulturellen Identität gelang langfristig zumeist nicht, wie die relativ rasche Turkisierung in den Gebieten der Goldenen Horde und die Sinisierung in China zeigen.

Qubilai Khan und das Yuan-Reich (1260–1368) Im Rückblick kann der Kampf zwischen Qubilai und Arigh Böge als Richtungsstreit zwischen einer konservativen und einer progressiven Partei angesehen werden, der sich schon in den Jahren nach Dschingis Khans Tod bemerkbar gemacht hatte. Ein Teil der Dschingisiden wollte explizit an den nomadischen Traditionen festhalten und die Mongolei mit der Hauptstadt Karakorum als Regierungssitz beibehalten. Andere, unter ihnen auch Qubilai, waren bereit, sich an die Bräuche der sesshaften Bevölkerung, die sie regierten, anzupassen. Mit Qubilai als Großkhan begann eine neue Ära, die einerseits den Zerfall des Reiches in vier Teilreiche besiegelte, andererseits einen kulturellen Höhepunkt in der Geschichte der Mongolen darstellte. Qubilai setzte seine militärischen Ressourcen lange Jahre für die Eroberung Südchinas ein. 1276 konnte er die Hauptstadt des Song-Reiches, Hangzhou, einnehmen, aber erst 1279 wurde der Widerstand gegen die mongolische Besatzung endgültig gebrochen. Bei der Eroberung Südchinas ging Qubilai völlig anders vor als seine Vorgänger. Das Land wurde so wenig wie möglich zerstört, die chinesischen Grundbesitzer wurden nicht enteignet. Auf diese Weise sicherten sich die neuen Herren die Loyalität der chinesischen Bevölkerung.

Das Ausmaß der kulturellen Identifizierung Qubilai Khans mit China wird am deutlichsten in der Übernahme eines chinesischen Dynastie-Titels. 1271 erließ er ein Edikt, demzufolge das mongolische Reich von nun an den Dynastietitel *Yuan*, «Uranfang», trug. Nach der Eroberung Chinas verfolgte Qubilai Khan die weitere Expansion in Südost- und Ostasien. Er eroberte das

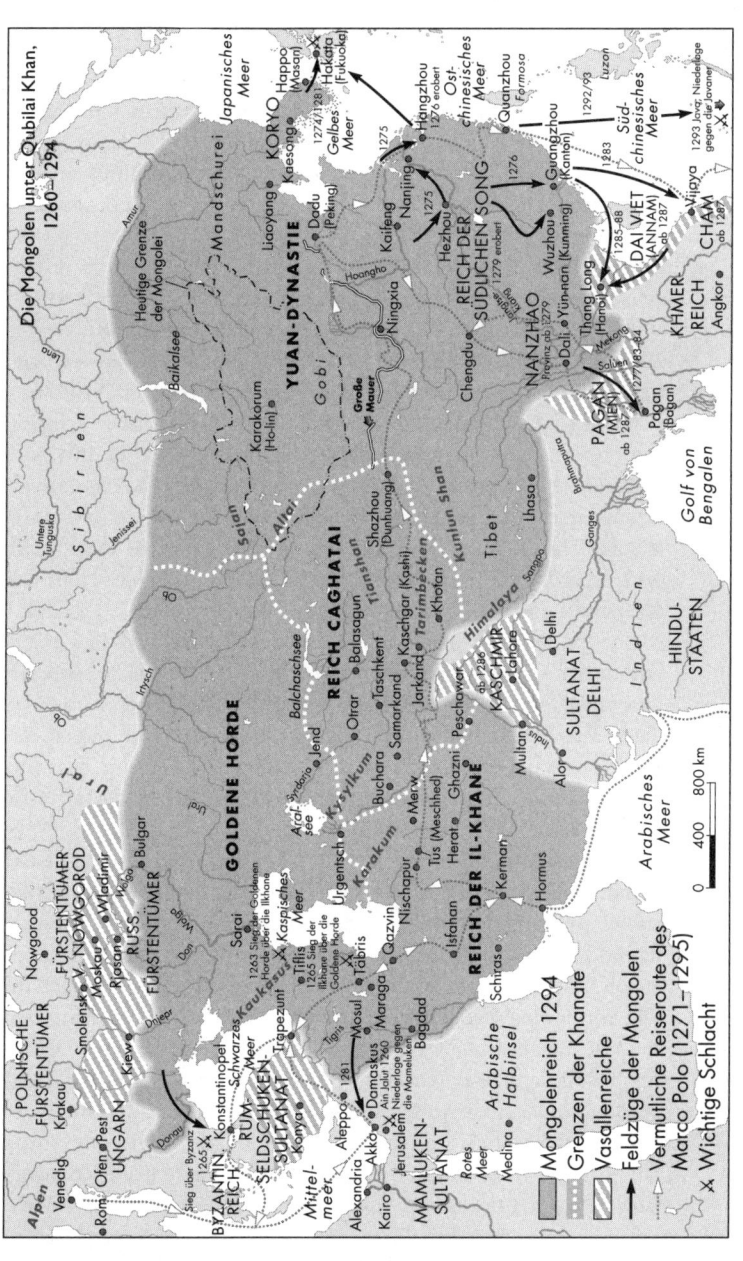

Die Mongolen unter Qubilai Khan, 1260–1294

Reich von Nanzhao, das heutige Yünnan. Korea geriet ebenfalls unter die Kontrolle der Mongolen. Qubilais Armeen rückten bis zum Reich von Champa vor, dem heutigen Zentral- und Südvietnam. Zwei Expeditionen nach Java waren allerdings ebenso wenig erfolgreich wie die Angriffe auf Japan in den Jahren 1274 und 1281.

In Qubilais Regierungszeit fällt auch die definitive administrative Eingliederung Tibets in das mongolische Reich, die 1240 begonnen hatte. Qubilai hatte schon während der Regierung Möngke Khans, der ihm die Verwaltung Nordchinas übertragen hatte, Interesse am tibetischen Buddhismus gezeigt. Seit 1255 war der tibetische Mönch Phagpa aus der Sakya-Lehrtradition sein bevorzugter Geistlicher, und 1270 ernannte er ihn zum «Kaiserlichen Lehrer» und damit zum Oberhaupt des buddhistischen Klerus im gesamten Reich. Nach der Niederschlagung lokaler Unruhen in Tibet 1267 errichtete Qubilai Khan 1268 eine neue Verwaltungsstruktur in Tibet, die die Herrschaft der Sakyapa als Statthalter der Mongolen konsolidierte.

Phagpa wurde von Qubilai Khan auch beauftragt, eine neue, einheitliche Schrift für die verschiedenen Sprachen des Reiches zu entwerfen. Nach ihrer Einführung im Jahr 1269 wurden im Yuan-Reich Herrscherurkunden nur noch in dieser «Quadratschrift» erlassen. Sie konnte sich jedoch als Gebrauchsschrift nicht durchsetzen und geriet nach dem Ende der Yuan-Dynastie 1368 schnell in Vergessenheit.

Die mongolische Herrschaft in China war eine Blütezeit der Künste und der Literatur, nicht so sehr durch kaiserliche Förderung, sondern eher aufgrund der liberalen Haltung der Mongolen und ihrer Distanz zu den chinesischen Untertanen. Im Yuan-Reich wurde die Bevölkerung in vier soziale Klassen eingeteilt. Die Mongolen bildeten die herrschende Schicht, ihnen folgten die zentralasiatischen Völker, die so genannten *Semujen*. Unter ihnen standen die Bewohner des früheren Jin-Reiches, die *Hanjen*, und als vierte und sozial niedrigste Schicht galten die *Nanjen*, die Bewohner Südchinas. Die wichtigen Regierungsämter lagen in den Händen der mongolischen und zentralasiatischen Eliten, während einheimische Chinesen die niedere Beamtenschaft stellten. Die klassischen chinesischen Beamtenprüfungen waren zunächst abgeschafft worden und wurden erst 1315 – zumindest teilweise – wieder eingeführt. Möglicherweise trug gerade der Ausschluss der literarisch gebildeten einheimischen chinesischen Eliten von hohen Regierungsposten zu einer Blüte der schönen Künste bei. Private Akademien wurden gegründet, in denen die klassische konfuzianische Bildung gepflegt wurde, und die chinesische Landschaftsmalerei gelangte zu einem neuen Höhepunkt. Die mongolische Herrschaft schenkte dem Land Frieden und materiellen Wohlstand. Die regionalen und transkontinentalen Handelsbeziehungen blühten. Marco Polo ist der erste Europäer, von dem wir einen schriftlichen Bericht über seinen Aufenthalt in China mit seinem Vater und seinem Onkel haben, obwohl die Polos wohl nicht die ersten Europäer waren, die das Land besuchten. Andere folgten. Die Europäer haben wenige Spuren in den zeitgenössischen chinesischen Quellen hinterlassen. Lediglich Johannes von Marignolli, der päpstliche Gesandte in den 1330er und 40er Jahren, wird in den Yuan-Annalen erwähnt, wohl weil sein Gastgeschenk, ein riesiges Pferd, so beeindruckte.

Ein dauerhaftes Erbe der Mongolenherrschaft ist die politische Einheit Nord- und Südchinas. Während Nordchina schon seit Jahrhunderten unter fremder Herrschaft stand, war Südchina noch nie zuvor von Nichtchinesen regiert worden. Verkehrstechnisch umgesetzt wurde die neue Vereinigung in dem Projekt des 1760 Kilometer langen Kanals zwischen Hangzhou und Beijing, der eine wichtige Verkehrsader des Reiches bildete.

Die Periode von Frieden und Wohlstand setzte sich auch nach Qubilai Khans Tod 1294 fort. Sein Enkel Temür Öljeitü beerbte ihn auf dem Thron. Unter seiner Herrschaft kam es zu einer kurzzeitigen friedlichen Koexistenz der vier mongolischen Reiche. 1323 begann der Zerfall der Mongolenherrschaft. Keiner der Herrscher konnte sich lange auf dem Thron halten, bis 1333 Toghon Temür mit erst 13 Jahren die Nachfolge antrat. Seine Herrschaft währte mehr als 50 Jahre, war aber überschattet von Naturkatastrophen wie Überschwemmungen und Seuchen, daraus resultierenden ökonomischen Krisen, Hungersnöten und

Bauernaufständen. Der Ausbruch von Seuchen wie der Pest war auch für den signifikanten Bevölkerungsrückgang in jenen Jahren verantwortlich. In Südchina brachen ab den 1340er Jahren Revolten gegen die Mongolenherrschaft aus, die den Reistransport nach Beijing auf dem Großen Kanal unterbrachen, was zu Preiserhöhungen und anschließender Inflation führte. Schließlich gelang es dem späteren Begründer der Ming-Dynastie, Zhu Yuanzhang, die einzelnen Rebellenführer zu einen und gegen die Mongolen in den Krieg zu führen. 1368 wurden die Mongolen aus Beijing vertrieben. Sie nannten sich von da an «Nördliche Yuan-Dynastie» und hielten weiterhin an ihrem Titel «Khan der Großen Yuan» fest, ohne jedoch ihren Herrschaftsanspruch machtpolitisch umsetzen zu können. Das – wohl fiktive –kaiserliche Jadesiegel war das symbolische Zeichen ihres Anspruchs. Noch 1442 tadelte eine mongolische Gesandtschaft die Koreaner, dass sie dem Ming-Kaiser den Treueid geleistet hätten, obwohl dem mongolischen Herrscher «der Himmel das Jadesiegel verliehen hat».

Das Il-Khanat (1256–1335)   Möngke Khan entsandte 1253 seinen Bruder Hülegü nach Iran mit dem Auftrag, die Assassinen, eine islamische Gemeinschaft, die sich von den Ismailiten abgespalten hatte, zu vernichten. Darüber hinaus sollte er auch die Unterwerfung des Abbasiden-Kalifen fordern oder, falls dieser sich weigern sollte, das Kalifat vernichten, was die mongolische Herrschaft über Syrien und Ägypten gesichert hätte. Der Feldzug Hülegüs bildete den Auftakt zur mongolischen Herrschaft in Iran und zur Etablierung des so genannten Il-Khanats.

1256 unterwarfen sich die Assassinen freiwillig, was sie jedoch nicht vor ihrem fast völligen Untergang bewahrte. Als sich die mongolische Armee 1258 dem Territorium des Abbasiden-Kalifats näherte, verweigerte der Kalif die Unterwerfung. Dies hatte die Erstürmung Bagdads zur Folge. Hülegü sprach in einem Brief an Ludwig IX. von Frankreich von 200 000 Menschen, die beim Sturm auf Bagdad umgekommen seien. Der Kalif wurde nach mongolischer Manier hingerichtet: Da das Blut hochgestellter Persönlichkeiten nicht vergossen werden durfte, wurde er in einen Teppich gewickelt und zu Tode getreten oder getrampelt. Mit ihm endete das Abbasiden-Kalifat.

Die Mongolen rückten weiter nach Syrien vor, und 1260 wurden Aleppo und Damaskus eingenommen. Unterdessen war in der Mongolei der Großkhan Möngke gestorben und Streit um die Nachfolge ausgebrochen. Hülegü nahm Partei für seinen Bruder Qubilai. Er nannte sich *Il-Khan*, «Friedensherrscher, untergebener Fürst», um seine Unterordnung unter den Großkhan auszudrücken. Die Münzaufschriften aus dem Il-Khanat belegen, dass die Il-Khane mindestens bis 1295, der Regierungszeit Ghazans, die Oberherrschaft des Großkhans anerkannten.

Nach dem Tod Möngkes zog Hülegü einen Großteil seiner Armee aus Syrien ab und verlegte ihn in den nordwestlichen Iran. Einen Grund hierfür nennt Hülegü in seinem Brief an Ludwig IX.: Die Weidegründe in Syrien waren erschöpft und damit die Versorgung der Truppen nicht mehr gewährleistet. In Syrien ließ er einen Teil seiner Truppen unter dem Kommando seines Feldherrn Kitbuqa zurück. Als die Mamluken eine mongolische Gesandtschaft hinrichteten, rückte Kitbuqa mit einem Truppenkontingent von 6000–10 000 Mann nach Süden vor, und es kam 1260 bei ʿAin Jalut («Goliathsquelle») in Palästina zur Schlacht. Das Unglaubliche geschah: Die Mongolen erlitten eine vernichtende Niederlage, die ihr weiteres Vordringen im Vorderen Orient verhinderte. Auch in den folgenden Jahrzehnten gelang es ihnen nicht, Syrien dauerhaft einzunehmen. Damaskus und Aleppo mussten wieder aufgegeben werden. Die Gründe für dieses dauerhafte Scheitern liegen zum einen in den unzureichenden Weidegründen, besonders im südlichen Syrien, die das Unternehmen logistisch unmöglich machten. Zum anderen gelang es den Mamluken, die Khane der Goldenen Horde als wichtigste Verbündete gegen das Il-Khanat zu gewinnen.

Unter der Herrschaft der ersten Il-Khane wurde Iran von Nichtmuslimen regiert. Die ersten Il-Khane wurden, nach dem mongolischen Brauch der strikten Trennung von Lebenden und Toten, an nicht markierten Orten bestattet. Bei der Bestattung Hülegüs wurden blutige Opfer dargebracht. Seine Nachfolger, die ihre Apanagen teilweise in Tibet besaßen, förderten den tibetischen Buddhismus, von dem sich heute nur noch wenige Spuren in Iran finden. Wie in den anderen mongolischen Regionen galt auch im Il-Khanat Religionsfreiheit. In den ersten Jahren erlebte besonders die christliche Religion eine Blüte, was zum einen an der engen Verbundenheit des Herrscherhauses mit dem nestorianischen Christentum durch einzelne Gemahlinnen der Il-Khane lag, zum anderen aber an dem politischen Bestreben, angesichts der Bedrohungen durch die Goldene Horde, den *ulus* Caghatai und die Mamluken diplomatische Beziehungen zum lateinischen Europa aufzunehmen und militärische Verbündete zu gewinnen. Die Herrschaft des Il-Khans Abaqa war durch rege Kontakte mit verschiedenen westeuropäischen Mächten wie England geprägt. Seine 1268 und erneut 1271 unternommenen Versuche, mit den Kreuzfahrermächten eine Allianz gegen die Mamluken zu etablieren, scheiterten jedoch. Im transregionalen Handel kam es hingegen 1271 zu einem Abkommen zwischen Venedig und dem Il-Khanat. Auf der Suche nach militärischen Verbündeten schickte Abaqa 1274 eine Gesandtschaft an das von Papst Gregor X. einberufene 14. allgemeine Konzil in Lyon. Die Gesandtschaft reiste nach England, Aragon und Sizilien weiter, bevor sie ins Il-Khanat zurückkehrte. 1276 und 1277 schickte Abaqa noch einmal Gesandte zum Papst und zum französischen und englischen König. Es gelang ihm jedoch nicht, die europäischen Fürsten zu einer Allianz gegen die Mamluken zu bewegen. Erst der Il-Khan Arghun machte einen neuen Versuch, Beziehungen zum christlichen Westeuropa aufzunehmen. Er entsandte den ursprünglich aus China stammenden nestorianischen Mönch Rabban Sauma 1287 nach Rom. Arghun pflegte außerdem enge persönliche Beziehungen zum Catholicus Mar Yaballah III., dem Oberhaupt der nestorianischen Kirche in Asien. Dieser hatte Arghuns Sohn, den späteren Il-Khan Öljeitü, im Jahr 1289 auf den Namen Nicholas getauft.

Der Nachfolger Arghuns, sein Bruder Gaikhatu, ließ nach seiner Thronbesteigung im Jahr 1292 Münzen mit dem buddhistischen Namen *Irinjindorji* («kostbarer Vajra») in mongolischer Schrift prägen. Wie unter den Mongolen üblich, ließ er allen Religionen seines Reiches Förderung angedeihen. Diese Religionspolitik nahm erst mit dem Übertritt des Il-Khans Ghazan zum Islam im Jahr 1295 ein Ende. Ghazan war, wenn man seinem Minister Rashid al-Din glauben will, der erste Il-Khan, der dringend notwendige Reformen erfolgreich durchführte. Das Il-Khanat hatte sich bis dahin durch eine Politik ausgezeichnet, die eine maximale Ausbeutung der vorhandenen Ressourcen zum Ziel hatte. Die Verwaltung lag in den Händen der einheimischen persischen Beamtenschaft in der Hauptstadt Täbris. Steuern wurden 20 bis 30 Mal im Jahr erhoben, und ihre Eintreibung war so brutal, dass die Bauern scharenweise ihr Land verließen und zeitgenössischen Quellen zufolge der größte Teil des kultivierbaren Lands verödete. Diese kurzsichtige Politik führte das Reich von einer Finanzkrise in die nächste. Reformbemühungen gab es schon unter Arghun, und unter Gaikhatu versuchte der Minister Sadr al-Din, der Geldknappheit mit der Einführung von Papiergeld nach dem Vorbild des Yuan-Reiches zu begegnen. Das Vorhaben musste schon nach drei Wochen aufgrund des Widerstands der Bevölkerung aufgegeben werden. Erst unter Ghazan griffen die Reformen: Höhe und Zahlungsarten der Steuern wurden fixiert, das Postwesen reorganisiert, das Münzsystem, die Gewichte und Maßeinheiten sowie das Justizsystem reformiert. Darüber hinaus wurden Anreize für die Bauern geschaffen, das Land wieder zu bestellen, und die Bezahlung der Truppen sichergestellt.

Ghazan bestieg ohne die offizielle Bestätigung des Großkhans den Thron. Schon Gaikhatu hatte die Bestätigungsurkunde aus China nicht abgewartet, und diese Praxis scheint sich danach etabliert zu haben, ohne dass die guten Beziehungen zwischen Yuan-China und dem Il-Khanat gelitten hätten. In der Regierungszeit Ghazans wurde wohl der Grundstein für die Assimilation der Mongolen an die persische Bevölkerungsmehrheit gelegt. Ghazans Konversion zum Islam führte zu einer Annäherung der mongolischen Eliten an die muslimischen Untertanen des Il-Khanats, und es gibt Hinweise auf vermehrte Heiraten mit persischen Frauen. Schon früher hatte die Islamisierung der einfachen mongolischen Soldaten begonnen, die in Iran stationiert waren und oft einheimische Frauen hatten. Am Ende des Il-Khanats stand daher nicht die Vertreibung der Mongolen, sondern ihre völlige Integration. Die Regierungszeit Ghazans bedeutete aber auch das Ende der religiösen Toleranz. Der Islam wurde zur Staatsreligion, und durch einen herrscherlichen Erlass wurde die Zerstörung oder Umwandlung der buddhistischen Tempel, christlichen Kirchen und jüdischen Synagogen angeordnet. Die Kopfsteuer für Nichtmuslime wurde eingeführt, zudem mussten diese an ihrer Kleidung kenntlich sein. Während die buddhistischen Mönche entweder das Land verlassen oder zum Islam übertreten mussten, wurden die Christen 1296 von der Verfolgung ausgenommen und sogar die Kopfsteuer für sie wieder aufgehoben. Die bevorzugte Behandlung der Christen lag in den außenpolitischen Bemühungen Ghazans begründet, gegen seine Erzfeinde, die Mamluken, Verbündete im christlichen Westeuropa zu gewinnen.

Sein Bruder und Nachfolger Öljeitü setzte die Politik Ghazans fort. Unter seiner Herrschaft wurde die Hauptstadt des Reiches von Täbris nach Sultaniye verlegt. Sowohl unter Ghazan als auch unter Öljeitü setzte eine Blütezeit der Architektur ein, die der Nachwelt Mausoleen wie das des Öljeitü in Sultaniye hinterließ und einen nachhaltigen Einfluss vor allem auf die Mogularchitektur in Indien haben sollte.

Die Islamisierung der Mongolen in Iran hatte keine einschneidenden Auswirkungen auf ihr Sozialleben. Die Jagd und der Alkoholkonsum spielten weiterhin eine wichtige Rolle, und auch das mongolische Neujahr und andere Feste wurden gefeiert. Das Il-Khanat blieb bis zum Ende dreisprachig: persisch, mongolisch und türkisch. Am Hof wurde neben dem islamischen Mondkalender weiter die auf der chinesischen basierende mongolische Kalenderrechnung benutzt.

Das oft geäußerte Urteil, die Herrschaft der Mongolen habe Iran sowohl kulturellen als auch ökonomischen Niedergang beschert, kann so nicht aufrechterhalten werden. Unter den Il-Khanen erlebten die Wissenschaften, von der Astronomie über die Medizin bis zur Geschichtswissenschaft, eine neue Blüte, und auch die schönen Künste wurden gefördert. So hatten nach dem Fall von Bagdad einige Maler der dort ansässigen arabischen Malschule in der neuen Hauptstadt Täbris Zuflucht gefunden und schufen die persische Miniaturmalerei, die chinesische künstlerische Einflüsse aufnahm und weiterentwickelte.

Der letzte Il-Khan, Abu Said, ein Sohn Ghazans, regierte das Reich von 1317 bis 1335. Als erster Il-Khan schloss er 1322 Frieden mit den Mamluken. Seine Herrschaft wurde später oft als eine Art «goldenes Zeitalter» des Il-Khanats angesehen. Nach seinem Tod zerbrach das Reich. Ein Grund für das plötzliche Ende des Il-Khanats war das Fehlen eines Thronfolgers, denn Abu Said hinterließ keinen Sohn, so dass sich schon zu seinen Lebzeiten die für mongolische Erbfolgen bekannten Fraktionen bildeten. Iran fiel in ein Machtvakuum, das erst Jahrzehnte später durch die Eroberung Timurs gefüllt wurde.

Die Goldene Horde Seit der Schlacht an der Kalka 1223 stand Russland für die Mongolen auf der Liste der zu erobernden Gebiete. 1235 berief Ögedei Khan einen Quriltai ein, auf dem der Feldzug in die westlichen Regionen, die Dschingis Khan seinem Sohn Joci zugesprochen hatte, beschlossen wurde. Das Kommando wurde Batu, dem Sohn und Nachfolger Jocis, übertragen. Nachdem 1237 die Wolgabulgaren und die Bashkiren im Osten der russischen Fürstentümer unterworfen waren, folgten bis 1240 Feldzüge gegen eine Reihe russischer Städte. Anschließend wurde Zentraleuropa von zwei Seiten angegriffen. Eine kleinere Armee rückte 1241 in die Gebiete des heutigen Polen und Ostdeutschlands vor, wo sie im selben Jahr auf der Wahlstatt bei Liegnitz auf ein hastig aufgestelltes Heer von Polen und deutschen Rittern traf, angeführt von dem Fürsten Heinrich II. von Schlesien. Die Schlacht endete in einer völligen Niederlage für das polnisch-deutsche Heer. Zugleich fiel ein größeres Truppenkontingent in Ungarn ein, wo es zwei Tage nach der Schlacht von Liegnitz zur Schlacht am Fluss Sajó kam. Ungarn wurde von den Mongolen besetzt, die weiter bis zur Wiener Neustadt vorrückten. Plötzlich aber zogen sie sich in die Kiptschakische Steppe zurück. Angesichts der Spannungen, die zwischen Batu Khan und dem potentiellen Nachfolger Ögedeis, Güyüg, herrschten, erscheint sein Rückzug in ein Gebiet, das wesentlich näher an den mongolischen Stammlanden und dem dortigen Geschehen lag, plausibel. Letztlich ist jedoch nicht nachvollziehbar, warum die Mongolen nie mehr versuchten, die ungarische Ebene ihrem Imperium einzuverleiben. Für Russland hingegen begann die Zeit des verhassten «Tatarenjochs». Im 13. Jahrhundert zogen allerdings die russischen Fürsten die Tributzahlungen an die Mongolen der Alternative vor, sich unter die Oberhoheit eines religiös völlig intoleranten lateinischen Papstes zu begeben.

Der Herrschaftsbereich des Joci, der sich über ein riesiges Territorium vom Irtysch im Osten bis zur Donau im Westen erstreckte, wurde in späteren russischen Quellen als Khanat der «Goldenen Horde» oder auch als «Khanat Kiptschak» bekannt. Die «Goldene Horde» war die früheste eigenständige politische Einheit, die aus dem mongolischen Weltreich entstand, und sie stellte auch länger als jedes andere mongolische Teilreich einen politischen Machtfaktor dar. Der Name «Horde» geht wohl auf die mongolische Bezeichnung *ordo*, «Palastzelt, Heerlager», zurück, das Batu Khan in Sarai an der Wolga aufschlug. Sarai wurde bald zur Hauptstadt des Reiches der «Goldenen Horde», und die russischen Fürsten mussten dorthin reisen, um die Bestätigungsurkunden (*yarlyk*) ihrer Herrschaft in Empfang zu nehmen. Viele begaben sich sogar direkt nach Karakorum, wie der Fürst Alexander Newskij, der sich 1243/44 seinen *Yarlyk* von der Regentin Töregene abholte. Die Mongolen der Goldenen Horde regierten zuerst durch ihre Statthalter, die vor allem für die regelmäßige Steuereintreibung verantwortlich waren. Zum Zweck der Steuererhebung wurde 1245–46 der erste Zensus im Süden durchgeführt; zwei weitere in den östlichen und nördlichen Regionen folgten in den Jahren 1255–59 und 1273–74. Auf der Basis des Zensus wurden die russischen Haushalte in das Dezimalsystem eingegliedert und (mit Ausnahme von Novgorod) in insgesamt 46 *Tümen* eingeteilt, jeder von ihnen nominell 10 000 Haushalte stark. Der orthodoxe Klerus war in der Goldenen Horde von allen Steuern befreit. In der Kirchenliturgie wurde folgerichtig Gott nicht mehr um das Wohlergehen des Zaren in Byzanz gebeten, sondern um das des Zaren in der Steppe. Als Abgaben wurden vor allem Felle verlangt, sogar

Zobel und Polarbärenfelle, wie dies die Mongolen auch von den sibirischen Völkern forderten. Die Nachfrage nach Fellen führte in der Folge zu einer Stärkung des Fellhandels im Norden. Ab 1257 wurden städtische Steuern und die Abgabe für das Postwesen eingeführt. Die russischen Fürsten entwickelten teilweise enge Beziehungen zu den mongolischen Herrschern. Manche von ihnen verbrachten Jahre in der Steppe und nahmen sogar an den Kriegen der Goldenen Horde teil. Mongolische Prinzessinnen heirateten russische Fürsten, nicht ohne vorher getauft zu werden, auch nach der Islamisierung der Goldenen Horde.

Nach dem Tod Batus wurde sein Bruder Berke 1257 Khan. Er war der erste mongolische Herrscher, der zum Islam übertrat. Auf seine Zeit geht auch die Dauerfehde zurück, die die Goldene Horde mit dem Il-Khanat ausfocht. Die Khane der Goldenen Horde beanspruchten Teile des nordwestlichen Iran und des Kaukasus für sich, die vom Il-Khanat beherrscht wurden. Der erste Krieg zwischen beiden Reichen brach im Jahr 1262 aus.

Aus dem Herrschaftsbereich der Goldenen Horde ist eines der wenigen mongolischen Schriftstücke überliefert, die einen Einblick in das Leben der einfachen Menschen der Zeit gewähren. In Südrussland wurde im Grab eines mongolischen Kriegers ein auf Birkenbast geschriebenes mongolischsprachiges Gedichtfragment in Stabreim gefunden. Es enthält keine kriegerische Begeisterung, sondern drückt in ergreifenden Worten die Sehnsucht eines Sohnes nach seiner Mutter und der Heimat aus:

Zur Zeit nun, da ich auffliege,
ruf ich da zu meiner Mutter, herzallerliebstem Mütterchen:
[...] Nun geh ich nach der Heimat, um dort stets zu sein!

Trotz des Übertritts einzelner Khane zum Islam vollzog sich die Islamisierung der Goldenen Horde nur langsam. Erst mit der Herrschaft von Özbeg (1313–1341) wurde das Reich islamisch. Schon vorher jedoch war es türkisch geworden. Die Bevölkerungsmehrheit in der Region waren türkische Kiptschaken, während die Mongolen nur eine kleine Minderheit ausmachten. Die Schnelligkeit, mit der sie auch sprachlich absorbiert wurden, lässt sich an den Münzprägungen ablesen: Schon in den 1280er

Jahren wurde das Mongolische auf den Münzen durch das Türkische ersetzt.

Der Niedergang der Goldenen Horde begann Mitte des 14. Jahrhunderts mit der Lockerung der mongolischen direkten Kontrolle über Administration und Finanzwesen. Die Statthalter verschwanden, und Steuereintreibung sowie Postwesen wurden an die russischen Großfürsten delegiert. Mit der Plünderung und Zerstörung Moskaus im Jahr 1382 stellte Tokhtamish (1376–1395) für kurze Zeit die Oberherrschaft der Mongolen über Russland wieder her, bevor ihn Timur 1395 besiegte. In die Regierungszeit Tokhtamishs fällt auch die mongolische Niederlage bei Kulikovo Pole im Jahr 1380 durch ein russisches Heer unter Führung des Fürsten Dmitrij Donskoj, die das Ende der Mongolenherrschaft in Russland einläutete.

1438 war die Goldene Horde aufgeteilt in das Khanat von Kazan und die «Große Horde». Nur wenige Jahre später kam es zu einer weiteren Aufsplitterung in die Khanate von Astrachan und der Krim. Das Ende der Goldenen Horde wird gewöhnlich mit der Unterwerfung der Großen Horde unter Mengli Girai vom Krim Khanat im Jahr 1502 angesetzt. Mengli Girai selbst war 1475 Vasall des neu entstandenen Osmanischen Reiches geworden. Letztlich aber beerbte Russland unter dem Zaren, bei den Mongolen als der «Weiße Khan» bekannt, den *ulus* des Joci. Die Khanate von Astrachan und Kazan wurden unter Ivan dem Schrecklichen 1552 und 1554 Russland einverleibt, lediglich das Krim Khanat überlebte als eigenständige politische Einheit bis zu seiner Annektion durch Katharina die Große im Jahr 1783.

Der *ulus* Caghatai Der Herrschaftsbereich von Dschingis Khans zweitem Sohn Caghatai (gest. 1242) umschloss im Südwesten Transoxanien mit den Städten Buchara und Samarkand, im Nordosten die Dzungarei und das nördliche Xinjiang. Teilweise überschnitt er sich mit dem *ulus* Ögedei, was schon früh zu Konflikten zwischen den beiden dschingisidischen Linien führte. Gegenüber den Herrschaftsbereichen der drei anderen Söhne Dschingis Khans war der *ulus* Caghatai «erbärmlich klein», wie der Khan Baraq (reg. 1266–1271) bemängelte. Daher betrieben die Caghataiden eine Expansionspolitik, die zwangsweise zu Konflikten mit den sie umgebenden Reichen führen musste. Baraq Khan führte Krieg mit dem Il-Khanat, und der 1271 zum Khan gewählte Qaidu leitete einige erfolgreiche Feldzüge gegen das Yuan-Reich. Nach 1300 richtete sich die Expansionspolitik jedoch vor allem auf Nordostiran, Afghanistan und Nordindien.

Im *ulus* Caghatai standen sich von Anfang an ein muslimisches städtisches Milieu in Samarkand und Buchara im Süden und ein nomadisch dominiertes Milieu im Norden und Osten gegenüber, was zu Spannungen führte, die in der Mitte des 14. Jahrhunderts unter dem ersten muslimischen Herrscher Tarmashirin (1331–1334) eskalierten. Die in den Steppengebieten lebenden Mongolen warfen ihm die Übertretung der Gesetze Dschingis Khans vor. Das Reich zerbrach an diesen Differenzen und wurde nach 1338 durch mehrere eigenständige, mehrheitlich türkische Khanate abgelöst. Das östliche Nachfolgereich wurde als Mogulistan, «Land der Mongolen», bekannt. Noch während der Regierungszeit Sultan Mahmud Khans (1487–1508) wurde am Hof Mongolisch gesprochen, und mongolische Sitten wie die Verehrung der Standarte (*Sülde*) wurden beibehalten. Selbst die uigurische Schrift blieb als mongolisches Erbe bis 1450 in Gebrauch für die türkische Sprache. Im südwestlichen Transoxanien begründete Timur (ca. 1336–1405), der besser unter seinem Namen «Tamerlan» bekannt ist, das Timuridenreich. Der muslimische Timur entstammte einem der Klane mongolischer Abstammung im Caghatai-Reich, sprach selbst jedoch wohl nur Türkisch und Persisch. Da er nicht der Linie Dschingis Khans entstammte, nahm er den Titel «Khan» nicht an, sondern legitimierte seine Herrschaft durch Einheirat in die dschingisidische Familie und seine Stellung als Schwiegersohn (*kürgen*). Timur besiegte 1399 das indische Sultanat von Delhi, nahm ein Jahr später Damaskus und Aleppo ein und ein weiteres Jahr später Bagdad. Auf seinem letzten, der Eroberung Chinas gewidmeten Feldzug starb er. Einer seiner Nachkommen, Babur, begründete im frühen 16. Jahrhundert in Nordindien das Mogulreich, das seinen Namen allerdings den Europäern verdankt, die dachten, die Herrscher des indomuslimischen Reiches in Nordindien seien Mongolen.

Unter den Nachfolgereichen des mongolischen Weltreiches scheint der *ulus* Caghatai der konservativste gewesen zu sein. Schon Caghatai hatte versucht, mongolische Reinheitsgebote in seinem Herrschaftsgebiet durchzusetzen. Dies betraf nicht nur die Schlachtmethoden von Vieh, sondern auch die Körperhygiene. Das Waschen des Körpers und der Kleidung in Wasser war verboten, um das Wasser nicht zu verunreinigen. Die Nichteinhaltung dieser Bräuche wurde als ein Abweichen von Dschingis Khans Gesetzen betrachtet, mongolische Identität mithin im Rekurs auf den großen Mongolenherrscher festgeschrieben.

5. Das mongolische Jahrhundert

Pax Mongolica   Im 13. und 14. Jahrhundert nahmen Gesandtschaften, Handelskarawanen, Missionare und Gelehrte aus der östlichen und westlichen Christenheit die weite Reise nach Innerasien und nach China auf sich, und zwischen dem Osten des mongolischen Reiches und insbesondere dem Iran des Il-Khanats fand ein ständiger Austausch von Gelehrten, Beamten und Handwerkern statt. Daneben florierte der Sklavenhandel. Fränkische und russische Sklavinnen und Sklaven traf man in Karakorum und an anderen Orten des Reiches, mongolische Sklavinnen und Sklaven, vor allem aus den Gebieten der Goldenen Horde, wurden auf den größeren Sklavenmärkten am Mittelmeer verkauft. Deutsche Handwerker stellten Waffen in der Dzungarei her und arbeiteten in den dortigen Minen; eine kleine Kolonie von Franzosen, die in Belgrad in mongolische Gefangenschaft geraten waren, traf Wilhelm von Rubruk in der Mongolei an. Italienische Kaufleute aus Pisa, Florenz, Venedig und Genua waren nicht nur in Täbris und in der Goldenen Horde fest installiert, sondern auch in Indien und China. In umgekehrter Richtung reisten tibetische buddhistische Mönche nach Iran.

Der große Mongolist Herbert Franke hat einmal bemerkt, dass die sogenannte *Pax Mongolica* nicht mehr als eine jener brillanten Vereinfachungen darstelle, die als Kapitelüberschriften für Weltgeschichten dienten. Die *Pax Mongolica* zeichnete sich zumindest in ihren Anfängen durch das aus, was nach dem römischen Historiker Tacitus die *Pax Romana* charakterisierte: «Solitudinem faciunt, et pacem appellant» – «Sie schaffen eine Einöde und nennen sie Frieden». Auf die späteren kulturellen und wirtschaftlichen Entwicklungen während des «langen» mongolischen Jahrhunderts trifft dieses harsche Urteil jedoch nicht zu. Gewöhnlich beschreibt die Rede von der Pax Mongolica im 13. und 14. Jahrhundert die Rahmenbedingungen, die von den Mongolen für den Fernhandel und so auch für den kulturellen Austausch geschaffen wurden. Den Mongolen wird jedoch zumeist kein Einfluss auf die Güter und Ideen, die ausgetauscht wurden, zugeschrieben. Diese Sicht der Dinge hält einer näheren Untersuchung nicht stand. Wie der Historiker Thomas Allsen herausgearbeitet hat, waren gerade die sozialen und kulturellen Vorlieben der Nomaden ein wesentliches Stimulans für den Handel mit bestimmten Gütern, mit denen zugleich bestimmte Herrschaftsideologien transportiert wurden. An einigen ausgewählten Beispielen sollen die politischen, wirtschaftlichen und kulturellen Verflechtungen, die die Zeit von 1220 bis 1368 geprägt haben, und die Rolle, die die Mongolen dabei gespielt haben, aufgezeigt werden.

Kleiderordnungen «Am Geburtstag legt sich der Khan mit Goldplättchen bestickte Gewänder an. Die zwölftausend Fürsten und Ritter tragen in Farbe und Schnitt ähnliche Kleider wie der Oberste Herrscher. Sie sind zwar nicht ganz so kostbar, aber sie sind aus golddurchwirkter Seide, und die Gürtel sind golden. Diese Bekleidung ist ein Geschenk des Khans. […] Der Kaiser gibt den Fürsten und Rittern dreizehnmal im Jahr kostbare Kleider.»

Marco Polos Schilderung der Kleiderpracht am mongolischen Hof illustriert eine politische Kultur, die zutiefst einem verwandtschaftlich-väterlichen Ethos verpflichtet ist. Dies kommt in der für uns erstaunlichen Tatsache zum Ausdruck, dass wichtige Ämter im mongolischen Reich die eines «Kochs» oder eines «Köcherträgers» waren. Es wird aber auch deutlich in der Haltung, die der Herrscher gegenüber seinen Gefolgsleuten einnimmt. Seine väterliche Verantwortung für das Wohlergehen seiner Untertanen drückt sich symbolisch in der Verteilung von Kleidung aus. Dieser Aspekt der politischen Kultur der Mongolen hat eine lange Tradition. In den nomadischen Kulturen Eurasiens kam schon vor dem Aufstieg der Mongolen Stoffen, Kleidung und Farbe eine besondere Rolle in der symbolischen Übermittlung von sozialem Status, politischer Autorität, wirtschaftlicher Stellung, persönlichen Beziehungen, ja sogar von Ethnizität zu.

Am Beispiel der Beschaffung und Distribution von *Jisün*, den Zeremonialroben «in einer Farbe», lassen sich die Vernetzungen, die das kulturelle «Gewebe» des «mongolischen Jahrhunderts» ausmachten, vielleicht am eindrücklichsten aufzeigen. Das mongolische Wort *jisün* bedeutet ursprünglich «Farbe» und wurde erst später zur Bezeichnung der prächtigen einfarbigen Roben gebraucht, die der Herrscher bei Staatsanlässen verteilte. Die erste Notiz über die Verteilung solcher Roben als Belohnung für geleistete Dienste finden wir schon für die Zeit Dschingis Khans, und ab dem Regierungsantritt Ögedei Khans 1229 häufen sich die Hinweise und Beschreibungen. Besonders begehrt waren Roben aus Tuch, das aus Seide und Gold gewoben wurde, dem berühmten *nasīj*, das sich hinter der in europäischen Quellen genannten Bezeichnung «tartarisches Tuch» (*panna tartarica*) verbirgt. Neben dem Herrscher vergaben auch dschingisidische Fürsten *Jisün* zu Wohltätigkeitszwecken, als Friedensangebote, als diplomatische Geschenke und sogar als Preise in Sportwettkämpfen. Oft gelangten auch nicht zugeschnittene Stoffe, Gürtel und andere Accessoires, alle aus «tartarischem Tuch» gefertigt, zur Verteilung. Die benötigte Anzahl von Roben wie auch die Menge an nicht zugeschnittenem Tuch war immens. In den frühen Jahren des Imperiums wurde der Bedarf an kostbaren Stoffen und Kleidung durch Plünderungen und Tributzahlungen gestillt. So forderte Dschingis Khan von den Uiguren nach ihrer Unterwerfung einen Tribut von Goldbrokat,

Als Zeichen der Gunst und als Belohnung gewährte der Herrscher seinen Gefolgsleuten mit kostbaren Steinen besetzte rote Gürtel. Solche Gürtelverleihungen waren sowohl im Il-Khanat als auch im Yuan-Reich an der Tagesordnung. Im Yuan-Reich
gab es sogar ein Kaiserliches Gürtel-Amt, das den Gebrauch der Gürtel regelte.

Seide und Satin. Von den Tanguten erhob er Abgaben in Form
von Wolltuch und Satin. Die Mongolen zeigten sich stets bestens
informiert, welche Stoffe in welcher Region produziert wurden,
und dementsprechend formulierten sie ihre Anordnungen zur
Unterwerfung, die sich als «eine Art Einkaufsliste» (Thomas
Allsen) der von ihnen begehrten Güter lesen lassen. Die mongolische Nachfrage bestimmte in einer Reihe von Aspekten auch
ihre Politik. So förderten sie den Fernhandel, indem sie ein gut
ausgebautes Wege- und Straßennetz unterhielten, den Händlern
mit ihren Karawanen Schutz vor Überfällen durch ihre militärische Präsenz garantierten und Absatzmöglichkeiten in den mongolischen Lagern boten. Während in den Anfängen des mongolischen Reiches der Osten noch wirtschaftlich abhängig vom
Handel mit Stoffen aus den westasiatischen Gebieten war, wurde
relativ schnell in den östlichen Reichsgebieten eine eigene Produktion etabliert. Dies gelang durch die schon erwähnte Politik

gegenüber Handwerkern. Neben den Beamten waren sie oft die einzigen Überlebenden der lokalen Bevölkerung und wurden als erbliche Bedienstete mongolischen Herren zugewiesen oder auch in Regierungswerkstätten zusammengefasst.

Die erzwungene Neuansiedlung von Handwerkerhaushalten lässt sich ebenfalls bis zu den ersten Eroberungsfeldzügen Dschingis Khans zurückverfolgen. Schon im Winter 1221/22, weniger als ein Jahr nach dem Fall der Stadt, lebten in Samarkand chinesische Handwerker, und weitere wurden an den oberen Jenisej in Sibirien umgesiedelt, um für die neuen Herren Seiden- und Brokatstoffe zu weben. In umgekehrter Richtung wurden muslimische Handwerker in China neu angesiedelt. Im Yuan-Reich wurde 1274 eine Reorganisation aller Textilarbeiterhaushalte aus sämtlichen «unter dem Himmel» gelegenen Gebieten vorgenommen. Sie wurden neu klassifiziert und speziellen Ämtern in den lokalen Distrikten zugeteilt, die für sie zuständig waren. Die Produktion und Distribution von Stoffen und Kleidung stand damit unter strikter Kontrolle des Staates.

Zur Herstellung des begehrten *nasīj* bedurfte es großer Mengen von Seide. Durch die Eroberung Chinas hatten die Mongolen ungehinderten Zugang zur Seidenproduktion. Sie sorgten für die Neuanpflanzung und Kultivierung des Maulbeerbaums, und Steuern wurden teilweise in Form von Seide gezahlt.

Gold für die Goldfäden war schwerer zu erhalten. In den frühen Jahren des Reiches wurde Gold durch Plünderungen erworben, später wurde es wahrscheinlich in den Außenregionen, Tibet und Sibirien, gewonnen. Der Bedarf an Gold war wohl wesentlich geringer als der Bedarf an Seide, denn Gold ließ sich «recyceln»: Abgetragene Kleidung wurde ins Feuer geworfen und das geschmolzene Metall wieder verwendet.

Goldbrokat, «tartarische» Kleidung, war auch in Europa begehrt. Während der Regierung Edwards III. wurden 250 Bänder aus «tarteryn ynde» (dunkelblau) für die Ritter des Hosenbandordens produziert. Bei der Eröffnungsprozession des Cheapside Turniers im Jahr 1331 ritten der englische König und weitere Ritter durch London, gekleidet in «tartarisches Kostüm». Sie trugen sogar Masken, die sie als «Tartaren» ausgaben. Das «tartarische Tuch», das vom nördlichen Europa bis nach Ostasien zum begehrten Modeaccessoire wurde, illustriert die Entwicklung eines transkulturellen Diskurses in Bezug auf materielle Güter, dessen Akteure die Kaufleute im mongolischen Weltreich, Venezianer, Russen, Armenier, Chinesen und Inder, und ihre Handelspartner in Europa waren. Sie bildeten ein transregionales Handelsnetzwerk, das über kulturelle Grenzen hinweg operierte.

Ein mongolischer Intellektueller und die Weltgeschichtsschreibung Um das Jahr 1308 vollendete Rashid al-Din sein großes Geschichtswerk *Jāmiʿ al-tavārīkh*, «Sammler der Geschichten». Natürlich gab es vor Rashid al-Din Historiker, wie etwa Herodot, die eine Universalgeschichte im Sinne einer Geschichte der damals bekannten Völker verfassten. Rashid al-Din aber war der erste, der systematisch eine Vielzahl unterschiedlicher Quellen in einer ganzen Reihe von Sprachen – Chinesisch, Kashmiri, Uigurisch, Mongolisch, Hebräisch, Arabisch, Tibetisch und der Sprache der Franken – einsah und auswertete sowie auf mündliche Berichte zurückgriff. Sein wichtigster Informant für mongolische Belange war ein Mann, der, als er an den Hof des Il-Khans kam, schon eine jahrzehntelange Karriere unter Qubilai Khan hinter sich hatte und sich sowohl in den mongolischen Traditionen wie auch den chinesischen Sitten hervorragend auskannte. Bolad Aqa, ein Mongole, der 1248 das erste Mal in den Yuan-Annalen erwähnt wird, nahm wichtige Leitungspositionen im Verwaltungsapparat der Yuan-Dynastie ein. Er gehörte unter Qubilai Khan zu den engsten Vertrauten des Herrschers, und aufgrund seiner hervorragenden Kenntnisse der chinesischen Sprache und chinesischer Institutionen spielte er in den Gründungsjahren der Yuan-Dynastie eine wichtige Rolle als Kulturvermittler. Dieser verdiente Beamte wurde 1285 an den Hof des Il-Khans Arghun entsandt, wo er die restlichen 28 Jahre seines Lebens verbrachte und erneut eine kulturelle Mittlerrolle einnahm, diesmal zwischen China und der islamischen Welt. Rashid al-Dins Beschreibung der mongolischen Verwaltung im Yuan-Reich wäre ohne die Informationen Bolads nicht möglich gewesen. Die von dem persischen Staatsmann verfasste Universalgeschichte verdanken wir ganz wesentlich der Mitwirkung dieses – wie Thomas Allsen ihn nennt – «mongolischen Intellektuellen, Literaten und Kosmopoliten», der der Gewährsmann für alle mongolischen und chinesischen Dinge war.

Astronomie und Astrologie   Schon Dschingis Khan nahm auf seinen Westfeldzug chinesische Astronomen mit, die wie die Schamanen die günstigsten Tage für den mongolischen Angriff bestimmten. Auch die nachfolgenden mongolischen Herrscher waren an der Sternenkunde, die die Zukunft voraussagen konnte, interessiert. Bekannte Astronomen hielten sich am Hof der Khane auf, wie der nestorianische Arzt und Astronom 'Isa Kelemechi am Hof Güyüg Khans. Der berühmteste Astronom am Hof der Yuan-Kaiser war Jamal al-Din, der während der Regierungsperiode Möngke Khans in die Mongolei und später weiter nach China reiste, wo er 1267 Qubilai Khan eine Reihe von astronomischen Instrumenten überbrachte. Unter ihnen befand sich ein aus Holz gefertigter Globus, der den Yuan-Annalen zufolge die ganze bekannte Welt abbildete. Qubilai, der 1260 das astronomische Observatorium im heutigen Beijing eingerichtet hatte, gründete 1271 das muslimische astronomische Observatorium, dem fortan Jamal al-Din vorstand. Die Observatorien hatten die Aufgabe, «die Sterne zu beobachten und Kalender zu machen». Beobachtung des Himmels und Zukunftsvoraussagen erschienen dabei eng miteinander verbunden. Darüber hinaus waren die Umrechnungstabellen der verschiedenen Kalender, die im mongolischen Reich im Gebrauch waren, von Bedeutung für die imperiale Politik. Hülegü ließ im Jahr 1260 ein großes Observatorium in Marāghah errichten, das auch eine Bibliothek beherbergte, in der astronomische Werke in verschiedenen Sprachen aufbewahrt wurden. In dem Observatorium arbeiteten auf Befehl des Khans muslimische und chinesische Astronomen zusammen. Sie erarbeiteten die berühmten «Astronomischen Tabellen der Il-Khane», die zur Umrechnung der verschiedenen im mongolischen Reich gebräuchlichen Kalendersysteme benutzt wurden. Das Werk enthält Umrechnungstabellen für die Kalender der Griechen, Araber, Chinesen, Juden, östlichen Christen und Perser. Da in den mongolischen Kanzleien Dokumente in verschiedenen Sprachen ausgefertigt wurden und auch aus anderen Reichsregionen eingingen, die jeweils nach lokalem Kalender datiert waren, erwiesen sich die Tabellen als äußerst nützliches Werkzeug für eine effektive Administration.

Astronomisches Wissen zirkulierte nicht nur zwischen Iran und dem mongolischen China, sondern in ganz Zentralasien. So fertigte im Jahr 1366 ein muslimischer Astronom aus Samarkand astronomische Tabellen für seinen Gönner, einen gewissen Prajña, an. Die in arabischer Sprache verfassten Tabellen enthalten unter anderem astrologische Kalkulationen und dienten auch zur Voraussage der Sonnen- und Mondeklipsen. Prajña, der Empfänger der Handschrift, entstammte einer mongolischen Fürstenfamilie, deren Apanage in Tibet gelegen war und die dort im 14. Jahrhundert beträchtlichen politischen und militärischen Einfluss hatte. Dass die astronomischen Tabellen des muslimischen Gelehrten auch von Tibetern studiert wurden, bezeugen die tibetischen Glossen in der Handschrift, die die Transkription der arabischen und persischen Monatsnamen enthalten.

Schriftlichkeit und Buchdruck Das mongolische Jahrhundert war ein Jahrhundert der Schriftlichkeit und, zumindest im Osten der von Mongolen beherrschten Gebiete, des gedruckten Buchs. Qubilai Khan richtete 1269 ein System von lokalen Schulen in den einzelnen Provinzen des Reiches ein, in denen die Jugend in der neu entwickelten Quadratschrift unterrichtet wurde. In der Hauptstadt wurde eine mongolische Schule für die Söhne des Reiches gegründet. 1315 wurden die mongolischen Schulen mit dem chinesischen Prüfungssystem für höhere Beamte verbunden, das in der Folge eine wichtige Aufstiegsmöglichkeit für junge, ehrgeizige Mongolen darstellte.

Mit dem Buchdruck bedienten sich die Mongolen einer Technik, die in China und den angrenzenden Ländern schon seit dem 8. Jahrhundert bekannt war. Gedruckt wurde in China von hölzernen Druckstöcken, in die der Text spiegelverkehrt geschnitten wurde. Die Mongolen richteten in Nordchina Druckereien ein. Sowohl die Regierung als auch private Unternehmen waren in das lukrative Geschäft involviert. Gedruckt wurde alles: die chinesischen Klassiker ebenso wie Chroniken, Enzyklopädien, schöne Literatur, medizinische Traktate und der buddhistische Kanon. Die Auflage der Werke war oft hoch: Zu Beginn des 14. Jahrhunderts wurde die mongolische Übersetzung eines wichtigen buddhistischen Lehrtextes in einer Auflage von 1000 Exemplaren gedruckt. Dies nimmt sich jedoch äußerst bescheiden aus gegenüber den Auflagen, die die bei Marco Polo als *tacuini* bezeichneten astrologischen Almanache erreichten. Sie verzeichneten akribisch, welche Aktivitäten man (unter Berücksichtigung der Sterne) an einem bestimmten Tag im Jahr ausführen durfte und welche nicht. Die Almanache wurden in verschiedenen Sprachen gedruckt. Die Yuan-Annalen berichten, dass die «Akademie für Kalenderstudien» für die Zusammenstellung und Veröffentlichung solcher Almanache zuständig war. Ein Beamter, dem der Kalenderdruck unterstand, beaufsichtigte ihre Produktion. Im Jahr 1328 wurden insgesamt 3 123 185 Kalender verkauft, von denen 5257 islamische Kalender waren. Falls diese islamischen Kalender auch in Arabisch veröffentlicht wurden, hieße das, dass im Yuan-Reich neben der chinesischen, uiguro-mongolischen und der Quadrat-Schrift auch die arabische Schrift im Druck verwendet wurde.

Während der Buchdruck schon seit Jahrhunderten in Asien verbreitet war, kannten Europa und die islamische Welt ihn nicht. Ob das asiatische Vorbild die europäische Entwicklung des Buchdrucks beeinflusst hat, lässt sich nicht nachweisen. Es ist jedoch anzunehmen, dass die europäischen Gesandten und Kaufleute im Yuan-Reich mit gedruckten Büchern in Kontakt kamen. Vielleicht spielte auch die Verbreitung von in China gedruckten Spielkarten, die nach Europa gelangten, eine Rolle. Sicher ist jedenfalls, dass die Mongolen für die Verbreitung der Drucktechnik in der islamischen Welt sorgten, als sie 1294 das chinesische Papiergeld in Iran einführten, das aus Bastfasern des Maulbeerbaums hergestellt war.

Kartographie Obwohl die Mongolen im 13. Jahrhundert zur Vermessung der eroberten Gebiete auf keine eigene Kartenproduktion zurückgreifen konnten, erkannten sie die militärische Bedeutung von Karten sehr schnell. Schon für 1255 ist belegt, dass der Großkhan Möngke den Herrscher des in Südwestchina gelegenen Fürstentums von Ta-li aufforderte, «geographische Karten» der von ihm beherrschten Gebiete abzuliefern. 1292/93 übergab der Herrscher von Java den mongolischen Truppen sowohl Karten als auch Bevölkerungsregister seines Reiches. Kartographisches Wissen gehörte zu den wissenschaftlichen Bereichen, denen vor allem im Yuan-Reich ein hoher politischer Stellenwert zukam. Der wichtigste Vermittler kartographischen Wissens zwischen West und Ost war der schon erwähnte Astronom und Mathematiker Jamal al-Din. Im Jahr 1285 erging der kaiserliche Befehl zu einem großangelegten Unternehmen unter seiner Leitung, das 1291 abgeschlossen wurde: eine möglichst vollständige Erfassung der Topographie aller Regionen des Reiches. Von diesem breit angelegten geographischen Lexikon, das eine zweite, erweiterte Auflage erfuhr, sind heute nur noch Fragmente überliefert. Um 1320 wurden zwei Karten angefertigt, deren Originale heute verloren sind, deren kartographisches Wissen jedoch in späteren Karten bewahrt wurde. Die erste umfasste China, die Mongolei und Mittelasien. Die zweite Karte bildete teilweise auch Regionen im fernen Westen ab. Koreanische und chinesische Karten des 15. und 16. Jahrhunderts stützen sich auf die Karten aus der Yuan-Zeit, die ein erstaunliches Detailwissen über den Westen offenbaren: Afrika wird als Dreieck dargestellt, und auch die Mittelmeergebiete sind unschwer von ihren Umrissen her zu erkennen. Das westliche Europa enthält auf diesen Karten über 100 Ortsnamen, von denen viele identifiziert werden können. So finden wir für Deutschland den Namen «A-lu-man-ni-a». Die koreanische Kartentradition setzte sich in den folgenden Jahrhunderten fort und behielt ihre «globale» Dimension bei. Ein Vergleich des mittelalterlichen kartographischen Wissens in West und Ost zeigt die wichtige Rolle, die die Mongolen bei der Förderung, Produktion und Verbreitung dieses Wissens gespielt haben.

Die feine Küche   Politische Karrieren im mongolischen Weltreich begannen oft in der Küche. Das Amt des *baghurci*, des
«Kochs» oder «Haushofmeisters», verdeutlicht das mongolische Herrschaftsverständnis, das sich am Haushalt des Herrschers orientierte. Die Köche waren Mitglieder der Leibwache
des Khans. Während der Regierungszeit Dschingis Khans und
Ögedei Khans oblag der Nachtwache die Zubereitung von
Speise und Trank.

Die mongolische Küche war im Laufe der Zeit einer Reihe von
Änderungen unterworfen. Traditionelle mongolische Kost bestand aus Fleisch- und Milchprodukten sowie einigen Gemüse-
sorten. Lammfleisch wurde am häufigsten gegessen, zuweilen
frisch, aber zumeist wurde es durch Trocknen, Einfrieren oder
Räuchern haltbar gemacht. Fleisch wurde meistens gekocht und
mit wildem Knoblauch und Zwiebeln schmackhaft gemacht. Im
Sommer bereicherte Wild oft den Speisezettel. Eine Lieblings-
speise stellte das Murmeltier dar, das heute noch gern gegessen
wird. An Milchprodukten aß man Käse und Joghurt, und ge-
trunken wurde der berühmte Kumis, gegorene Stutenmilch. Gemüse wurde entweder wild gesammelt oder durch Handel erworben. Obwohl Getreide sowohl als Handelsware als auch als
Tributabgabe eine wichtige Rolle spielte, kannten die Mongolen
kein Brot, was von so gut wie allen europäischen Reisenden des
Mittelalters als Kuriosum vermerkt wurde. Getreide wurde zu
Brei oder in Fett gebratenem Teig weiterverarbeitet.

Die konservative Haltung der Mongolen gegenüber der Nahrung wird an den Schlachtgeboten deutlich, die im mongolischen
Weltreich durchgesetzt wurden. Während sich die Mongolen in
religiösen Belangen durch Toleranz oder – wohl zutreffender –
Gleichgültigkeit gegenüber unterschiedlichen Ritualvollzügen
auszeichneten, legten sie auf die «korrekte» Schlachtmethode
des Viehs größten Wert. Rashid al-Din zufolge enthielten die
Gesetze Dschingis Khans das Gebot der mongolischen Schlachtmethode: Sie bestand aus einem Einschnitt in der Brust und
dem anschließenden Durchtrennen der Aorta, wodurch das
Blut im Tierkörper blieb. Blut, entweder frisch zu sich genommen oder in Würsten und Fleischbrühen verarbeitet, spielte

eine wichtige Rolle bei der Ernährung. Westasiatische, jüdische und muslimische Schlachtmethoden, bei denen die rituelle Reinheit des Fleisches gerade das Ausbluten des Tieres erfordert, wurden von den mongolischen Herrschern konsequent verboten.

Wie andere kulturelle Güter, so erfuhren auch regionale kulinarische Spezialitäten im mongolischen Weltreich weite Verbreitung, und es entwickelte sich ein raffinierter Essgeschmack, der im Yuan-Reich stark von der muslimischen Küche beeinflusst war. Im 13. Jahrhundert hatte sich die gewürzreiche muslimische Küche von Europa bis nach Asien durchgesetzt. Muslimische Köche wirkten in Spanien, England oder China. Beredtes Zeugnis dieses internationalen Geschmacks legt das kaiserliche Speisekompendium ab, das *Yinshan zhengyao*, «Angemessene Grundlagen von Trank und Speise», das der uigurische Ernährungsberater am kaiserlichen Hof, Hu Sihui, im Jahr 1330 dem mongolischen Herrscher Toghon Temür überreichte. Dieses in Chinesisch verfasste, reich bebilderte Werk enthält Hunderte von Kochrezepten, die chinesische, mongolische, türkische, turko-islamische und persische Kochpraktiken in sich vereinen. Das Werk belegt, dass die verwöhnten Gaumen der mongolischen Eliten des Yuan-Reiches großen Wert auf Gemüse, u.a. Auberginen, sodann Nüsse, besonders Walnüsse und Pistazien, Zucker und Sirup sowie Gewürze aus Westasien legten.

Ein mongolisches Festmahl im 14. Jahrhundert hätte wie folgt aussehen können: Zuerst werden *Momo*, tibetische, mit Fleisch gefüllte und gegarte Teigtaschen, mit einer würzigen Sauce serviert. Ein Salat aus bhutanesischen Chili und Käse folgen. Dann wird ein Fleischbällchen-Curry mit Safranreis und Nüssen, Honig und Korinthen aufgetischt. Hierzu wird frisches, noch heißes *Naan*-Brot mit Thymian serviert, hinunter gespült von Gerstenbier mit Honig. Als Dessert werden chinesische Esskastanien mit Sahne und glasierten Früchten gereicht. Würde das Festmahl im Il-Khanat stattfinden, wäre anstelle von *Momo* eher *Hummus* serviert worden. Auch dieses Rezept ist überliefert: frischer Zitronensaft, Knoblauch, Kichererbsen, Sesampaste, Olivenöl, Paprika und eine Prise Salz.

In der *Geheimen Geschichte* klagt Ögedei Khan, dass er sich vom «Traubenwein» habe besiegen lassen. Das *Yinshan zheng-yao* enthält ein umfangreiches Kapitel über alkoholische Getränke. «Traubenwein» war eine beliebte Tributabgabe, aber er wurde auch lokal produziert. So bauten während des 13. Jahrhunderts Gruppen von muslimischen Handwerkern, von Samarkand in die Nähe von Beijing umgesiedelt, Trauben an und produzierten Wein für den Herrscher.

Wurde die westasiatische Küche in China bekannt, so galt das Gleiche in umgekehrter Richtung: Rashid al-Din berichtet vom chinesischen Reiswein, und auch die Essstäbchen hielten Einzug in Iran. Während der Regierungszeit Ghazan Khans wurde die Reisproduktion in Iran gefördert, und Reis avancierte zu einem Gericht, das einen hohen Sozialstatus anzeigte.

Die Mongolen als Kulturvermittler Das «mongolische Jahrhundert» zeichnete sich durch kulturellen Austausch und Akkulturationsprozesse aus, die eine Vielzahl von unterschiedlichen Kulturen miteinander verband. Aufgrund ihrer militärisch-politischen Dominanz waren die Mongolen der Motor dieser Austauschprozesse, sie waren jedoch nicht kulturell dominant. Trotzdem prägten sie, wie Thomas Allsen gezeigt hat, das Jahrhundert kulturell, denn ihre Vorlieben und ihr Geschmack bestimmten, welche Güter über den eurasiatischen Kontinent hinweg bewegt wurden, so dass sich innerhalb kurzer Zeit ein transkultureller Diskurs in Bezug auf materielle Güter herausbildete, der über ethnische, linguistische und kulturelle Grenzen hinweg einen gemeinsamen Standard etablierte. Materielle Güter überwanden kulturelle Grenzziehungen, zugleich aber transportierten sie auch kulturelle Weltdeutungen sozialer Wirklichkeiten. Der mongolische Anspruch auf Weltherrschaft wurde auf vielfältige Weise in der Bewegung von Menschen und Waren manifest: Die Produktion und der Handel mit Brokatstoffen trugen zur Visualisierung und Repräsentation von Herrschaft genauso bei wie die Geschichtsschreibung eines Rashid al-Din, die durch ihren Rückgriff auf historische Argumente mongolische Herrschaft ideologisch zu legitimieren versuchte. Auch die «internationale» Küche am Hof der Khane diente auf der einen Seite der Bestätigung der Universalherrschaft, auf der anderen Seite ermöglichte sie den verschiedenen Ethnien im Dienste der Khane Partizipation ohne Aufgabe der eigenen Identität.

Mongolische Herrschaftspolitik stand dabei im Spannungsfeld zwischen lokalen Herrschaftsformen und einer auf Universalität gerichteten Herrschaftsideologie, oder anders ausgedrückt: zwischen den regionalen, partikularen politischen Kulturen und der transregionalen, auf eine übergeordnete Herrschaftsstruktur ausgerichteten politischen Kultur der Mongolen. Das Reich und seine Regierungsfähigkeit bildeten den Mittelpunkt sämtlicher kultureller Austausch- und Adaptationsprozesse.

Durch die Mobilisierung und Neuansiedlung ganzer Gruppen neutralisierten die Mongolen die traditionellen lokalen Eliten, die den fremden Spezialisten oft misstrauisch gegenüberstanden. So waren die muslimischen Spezialisten im Yuan-Reich als Handlanger der Mongolen bei der Bevölkerung eher unbeliebt. Ebenso schätzten die muslimischen Gelehrten im Il-Khanat ihre neuen chinesischen Kollegen nicht sonderlich. Indem sich die Mongolen auf Spezialisten stützten, die in ihrem neuen Wirkungskreis keine lokalen Netzwerke besaßen, und ehrgeizigen Menschen aus niedrigen sozialen Schichten Aufstiegsmöglichkeiten im Reich boten, erreichten sie ihr Ziel einer engmaschigen politischen Kontrolle.

Darüber hinaus sicherten sie sich die Macht aber auch unter Berufung auf den «Ewigen Himmel», der ihre Herrschaft legitimierte. Die mongolischen Khane inszenierten sich als weise Herrscher, die nicht nur gelehrte Disputationen der an ihrem Hofe lebenden religiösen Spezialisten förderten, sondern auch den weltlichen Wissenschaften gewogen waren. Die Präsenz von Künstlern und Gelehrten aus weit entfernten Regionen am Hofe der Mongolenherrscher galt als Merkmal imperialer Größe und Majestät. Auch dies war eine bewährte zentralasiatische Tradition, wie schon ein türkisches Dokument aus dem 9. Jahrhundert belegt. Noch 1405 versammelte der Begründer der Timuriden-Dynastie, Timur, anlässlich der Hochzeit seines Enkels die

Kunsthandwerker aus ganz Samarkand in seinem Palastzeltlager außerhalb der Stadt, um die Größe und Macht seiner Herrschaft zu demonstrieren. Der interkulturelle Austausch war damit kein Novum des «mongolischen Jahrhunderts», sondern bettete sich in eine zentralasiatische Tradition politischer Kultur ein, in der kulturelle Pluralität als Instrument zur Inszenierung von Universalherrschaft genutzt wurde.

6. Der Rückzug in die Steppe (15.–17. Jahrhundert)

Das Ende der Mongolenherrschaft über China ist in der mongolischen Erinnerungskultur in der ergreifenden Klage des Herrschers Toghon Temür über den Verlust seiner geliebten Stadt Daidu, des heutigen Beijing, bewahrt worden. Toghon Temür, der die Stadt heimlich verlassen musste, gelang es der Legende nach gerade noch, das Jadesiegel, die Insignien seiner Herrschaft, im Ärmel seines Gewands versteckt mit sich zu retten. Das Jadesiegel symbolisierte den Herrschaftsanspruch der Dschingisiden, der die nächsten Jahrhunderte aufrechterhalten wurde. Der Anspruch bestand jedoch lediglich nominell, da er sich stets in militärischen Erfolgen und innenpolitischem Charisma manifestieren musste. Im Spannungsfeld zwischen einem in der Transzendenz gründenden Herrschaftskonzept und einem rein genealogisch begründeten Machtanspruch sind die Auseinandersetzungen in den mongolischen Gebieten zu sehen, die nach dem Zusammenbruch des Yuan-Reiches mehr als ein Jahrhundert währten und den Grundstein für die relativ rasche Eingliederung der Mongolen in das entstehende Qing-Reich im 17. Jahrhundert legten.

Die wirtschaftliche Situation nach dem Ende des Yuan-Reiches Die Mongolen pflegten rege Handelsbeziehungen mit sesshaften Gesellschaften. Sie erwarben nicht nur Luxusgüter wie Seidenstoffe, sondern auch alltägliche Gebrauchsgüter wie

Baumwolle, Tee, Zucker, Reis und Getreide. Bei ihren sesshaften Nachbarn waren vor allem die Pferde der Nomaden hoch begehrt. Obwohl China immer wieder versuchte, seinen Bedarf an Pferden für die Armee durch eigene Zuchten zu decken, war es damit nie gänzlich erfolgreich. Über die Jahrhunderte hinweg etablierten die Chinesen Grenzmärkte, in denen Tee gegen Pferde gehandelt wurde. Die Handelsbeziehungen waren jedoch trotz der gegenseitigen Bedürfnisse problematisch. Sie litten, wenn sich auf nomadischer Seite kein Führer fand, der die Autorität besaß, beiderseits akzeptable Handelsbedingungen auszuhandeln. Auf chinesischer Seite regte sich immer wieder Unmut darüber, dass die Nomaden mit den Pferden ein Monopol besaßen, das ihnen oft erlaubte, die Preise zu diktieren. Es wurde als äußerst demütigend empfunden, sich von den «Barbaren» die Handelsbedingungen vorschreiben zu lassen. Andererseits waren die Grenzmärkte und die Tributgesandtschaften der Nomaden für China immer noch wirtschaftlich einträglicher als ständige Investitionen in Truppen und teure Infrastrukturen gegen die Überfälle an den Grenzen.

Das «lange mongolische Jahrhundert» hatte für den transkontinentalen und auch den interregionalen Handel zwischen China und den mongolischen Gebieten eine relative Sicherheit bedeutet, die nach 1368 nicht mehr gewährleistet war. Die neue Ming-Dynastie erschwerte den Handel zwischen China und den Steppenregionen zunehmend. Nach 1450 wurden die mongolischen Tributmissionen seltener und hörten nach 1500 ganz auf.

Die Gründe für die Politik des Handels- und Tribut-«Embargos», das die Ming-Dynastie im 16. Jahrhundert verfolgte, sind nicht ganz klar. Sie sind vielleicht zum Teil in der labilen innenpolitischen Situation Chinas zu suchen. Immer wieder flohen Mitglieder verschiedener oppositioneller Gruppen in die mongolischen Regionen. Bei Hof einflussreiche Beamte argumentierten daher, der Bedarf an Getreide, den die Nomaden anmeldeten, würde nur den chinesischen Flüchtlingen unter ihnen zugute kommen, die allesamt Verräter seien. Sicherlich wurden die in den Steppenregionen durch Dürren ausgelösten Krisen nicht in ihrer ganzen Schärfe wahrgenommen. Dürre und Hunger waren endemisch in diesen Gebieten, und chinesische Quellen vermerken für die späten fünfziger Jahre des 16. Jahrhunderts, dass Gruppen von Mongolen nach China gekommen seien und sich unterworfen hätten, um dem Hungertod zu entgehen.

Um die wirtschaftliche Situation in den mongolischen Gebieten im 15. und 16. Jahrhundert beurteilen zu können, müssten wir Kenntnisse über die Handelsbeziehungen der Mongolen untereinander und mit anderen Regionen besitzen. Hier sind die Quellen jedoch sehr dürftig. Die Gesandtschaften, die die oft auch als «Westmongolen» bezeichneten Oiraten in den 1430er und 40er Jahren nach China schickten, waren von muslimischen Händlern begleitet, und zwischen den Oiraten und dem mittelasiatischen Timuridenreich müssen Handelsbeziehungen bestanden haben.

Tribut-Beziehungen: Chinesische und mongolische Sichtweisen Die Beziehungen zwischen dem Reich der Mitte und den Mongolen waren stark von ökonomischen Aspekten geprägt. Von chinesischer Seite wurden sie als Tribut-Beziehungen interpretiert. Ausländische Gesandtschaften wurden als Tributbringer betrachtet, deren Geschenke Ausdruck der Anerkennung der Oberhoheit des chinesischen Kaisers waren. Im Austausch für den geleisteten «Tribut» vergaben die Kaiser Ehrentitel und großzügige Geschenke. Die Völker im Westen und Norden Chinas waren aus wirtschaftlichen Erwägungen an solchen «Tribut»-Beziehungen zu China interessiert. Auch die politischen Beziehungen zwischen China und anderen Reichen sind in die Sprache des Tributs gekleidet, in der der chinesische Kaiser als Herrscher über die ganze bekannte Welt inszeniert wird.

Das Tributsystem wird gewöhnlich aus chinesischer Perspektive geschildert. Bei der Lektüre mongolischer Quellen fällt jedoch auf, dass die Mongolen die von China gewährten «Geschenke», die Gegengabe zum dargebrachten «Tribut», ihrerseits als Tributleistungen der Chinesen an den mongolischen Khan betrachteten. So heißt es z. B. in dem um 1607 verfassten Werk *Erdeni tunumal*, dass ein chinesischer Gesandter den

Mongolen «Tributzahlungen» anbot. Das *Altan tobci* aus dem Jahr 1655 schreibt: «Der Khan der Großen Ming zahlte furcht-sam Tribut und Steuern und bot dem Altan Khan den Titel Süi wang an.» Aus realpolitischer Perspektive stellte das Tributsystem für China häufig eine effektive Methode zur Sicherung der Nordgrenzen des Reiches dar. Die Partizipation am Tributsystem darf daher keinesfalls als formaler Akt der Unterwerfung interpretiert werden, sondern die Tribut-Beziehungen eröffneten den nichtchinesischen Partnern profitable Handelsbeziehungen, wie auch europäische Beobachter wie der Jesuit Matteo Ricci schon früh feststellten.

Der Aufstieg der Oiraten Das 15. Jahrhundert war das eigent-liche Jahrhundert der Oiraten. Sie waren ursprünglich Gefolgs-leute Dschingis Khans und partizipierten, durch zahlreiche Hei-ratsbündnisse mit den Dschingisiden verwandt, an deren Macht. Nach dem Zusammenbruch der Yuan-Dynastie stiegen sie zu den eigentlichen Herren der Steppe auf. Diese neuen Machtver-hältnisse spiegeln sich in den Annalen der auf die Yuan folgen-den Ming-Dynastie (1368–1644) wider, den *Ming shih*, die nur selten die mongolischen Großkhane erwähnen, umso häufiger jedoch die Oiraten. Der oiratische Fürst Esen, der seit den 1430er Jahren immer mehr an Macht gewann, wird für diese Zeit als einziger mongolischer Tributbringer erwähnt.

Der Konflikt um die Großkhan-Würde spitzte sich im 15. Jahr-hundert in den Machtkämpfen zwischen den Nachkommen Dschingis Khans aus der Linie seines jüngsten Sohnes Tolui und den nicht-dschingisidischen Oiraten zu. Die auf Toghon Temür folgenden mongolischen Großkhane waren schwache Persön-lichkeiten, die es nicht vermochten, ihren Herrschaftsanspruch mit entsprechender militärischer Stärke zu kombinieren. Ihr An-spruch wurde daher von den mächtigen Fürsten der Oiraten in Frage gestellt. Diese inneren Zwistigkeiten hielten die Mongolen jedoch nicht davon ab, sich gegen China zu wenden, das sie als ihr rechtmäßiges Herrschaftsgebiet betrachteten und zurückzu-gewinnen suchten. In den ersten Jahrzehnten des 15. Jahrhun-derts führte China nicht weniger als sechs Mal Krieg gegen die

Mongolen, sowohl gegen die Dschingisiden als auch die Oiraten. Die Chinesen bauten daher im 15. Jahrhundert die berühmte «große Mauer», deren Anfänge bis in die Han-Zeit zurückreichen, aus und gaben ihr die heute bekannte Gestalt.

Wie zu Zeiten des mongolischen Weltreiches spielten auch in den politischen Beziehungen zwischen den Ming und den Mongolen wertvolle Stoffe eine wichtige Rolle. Die Ming brachten den Oiraten unter Esen und später den Südostmongolen unter Altan Khan die begehrten Goldbrokat-Stoffe als Tribut dar. Die politische Bedeutung von *nasīj* setzte sich damit in der chinesischen Ming-Dynastie fort.

Unter Esen Khan erlangte das Reich der Oiraten seine größte Ausdehnung von Hami im Westen bis zu den mandschurischen Gebieten im Osten. Esen führte einen längeren Krieg gegen Ming-China, setzte den Kaiser gefangen und belagerte Beijing. 1450 kam es zur erneuten Auseinandersetzung mit den dschingisidischen Mongolen. Nach der Ermordung des Großkhans nahm Esen 1453 selbst den Großkhan-Titel an. Dies wurde ihm aufgrund seiner fehlenden genealogischen Legitimation zum Verhängnis. Sein Verhalten wurde ihm als Anmaßung ausgelegt. Darüber hinaus gab auch sein Sozialverhalten Anlass zur Kritik der eigenen Gefolgsleute: Esen galt als Trunkenbold. Er wurde nur wenige Jahre später, 1455, ermordet.

Die Rückkehr der Dschingisiden an die Macht erfolgte über den gerade einmal siebenjährigen Batu Möngke, der später unter dem Namen Dayan Khan berühmt wurde.

Herausragende Frauen: Manduqai Qatun Frauen haben in der mongolischen Geschichte immer wieder eine wichtige Rolle gespielt und oft auch eine öffentliche Position innegehabt. Neben Höelün, der Mutter Dschingis Khans, und Börte, seiner Hauptfrau, ist Manduqai Qatun, die Gemahlin Dayan Khans, eine der herausragenden mongolischen Frauengestalten. In der konfliktreichen mongolischen Geschichte des 15. Jahrhunderts spielte sie eine Schlüsselrolle. Ihr wird die Rettung des jungen Batu Möngke, der von seiner Abstammung her Anspruch auf die Großkhan-Würde hatte, vor seinen oiratischen Gegnern zuge-

schrieben. Als Witwe des Großkhans Mandughul hatte Manduqai Qatun nach dessen Tod traditionell die Regentschaft übernommen, führte die Mongolen gegen die Oiraten ins Feld und
schlug diese vernichtend. Sie heiratete den kindlichen Batu
Möngke und ließ ihn vor den *Acht Weißen Zelten* als Großkhan
inthronisieren. Manduqai war einer mongolischen Chronik zufolge im Jahre 1448 geboren und damit siebzehn Jahre älter als
ihr Gemahl. Die Ehe erwies sich als außerordentlich fruchtbar,
acht Söhne und Töchter gingen aus ihr hervor. Von seiner zweiten und dritten Frau hatte Dayan Khan je zwei Söhne. Fast alle
mongolischen Fürsten der Qing-Zeit (1644–1911) leiteten sich
von den Nachkommen Dayan Khans ab.

Einigung unter Dayan Khan   Unter Dayan Khan kam es das
erste Mal nach dem Zusammenbruch des Yuan-Reiches wieder
zu einer Zentralisierung der Macht in den Händen der Dschingisiden. Dayan Khan wurde in der mongolischen Geschichtsschreibung des 17. Jahrhunderts zum Erneuerer eines geeinten
mongolischen Reiches stilisiert. Trotzdem sind die Nachrichten
über seine Regierungszeit unklar und widersprüchlich. Dayan
Khan führte zwischen 1483 und 1488 erfolgreich Krieg gegen
die Oiraten. Feldzüge gegen China ermöglichten es ihm, aus
einer Position der Stärke heraus Verhandlungen aufzunehmen
und attraktive wirtschaftliche Rahmenbedingungen für die Mongolen auszuhandeln.

Auf Dayan Khan wird auch die Neuordnung der mongolischen Völker zurückgeführt. Sie wurden in «sechs Zehntausendschaften» (*Tümen*) gegliedert und in zwei Flügel, einen linken
und einen rechten, zu je drei Tümen unterteilt. Der linke Flügel
(die Caqar, Khalkha und Uriyangqan) unterstand direkt dem
Großkhan, während der rechte Flügel (die Ordos, Tümed und
Yüngsiyebü) von seinem Stellvertreter regiert wurde. Dayan
Khan teilte die sechs Tümen in Erbgüter (*ulus*) für seine Söhne
auf. Die Caqar waren der persönliche *ulus* des Großkhans, der
erstgeborene Sohn trug den Titel Großkhan. Die Einteilung in
Erbgüter führte in der Folge zur weiteren Zersplitterung und
zum Aufstieg regionaler Fürsten.

Die Oiraten waren als die «vier Zehntausendschaften» oder die «vier Oyirad» bekannt, und umfassten die Khoshod, die Torgud, die Dzungaren und die Dörbed. Sowohl die sechs Tümen der Mongolen als auch die vier Oyirad spalteten sich in den folgenden Jahrhunderten in weitere Gruppen auf.

Altan Khan und der Dalai Lama   Die auf Dayan Khan folgenden Großkhane vermochten die unter ihm erreichte Einheit nicht aufrechtzuerhalten. Im 16. Jahrhundert gelang es einem seiner Enkel, Altan Khan (1507–1582), der den Tümed aus dem rechten Flügel der Mongolen angehörte, zum politisch und militärisch dominierenden Fürsten in den mongolischen Steppenregionen aufzusteigen. Nachdem seine Versuche, mit dem Ming-Reich Tribut-Beziehungen aufzunehmen, gescheitert waren, wandte sich Altan Khan im Verlauf von fast vierzig Jahren, von den dreißiger Jahren des 16. Jahrhunderts bis zum Friedensabkommen mit den Ming im Jahr 1570/71, immer wieder gegen die Chinesen. Zugleich unterwarf er in einer Reihe von Feldzügen die Oiraten.

Auf Altan Khan geht die erste feste Stadtgründung der neueren Zeit in der Mongolei zurück. Mit Hilfe chinesischer Deserteure ließ er Köke qota, die «Blaue Stadt», errichten, das heutige Hohot. Ebenso förderte er den Ackerbau im Tümed-Gebiet.

Die Regierungszeit Altan Khans steht für die Durchsetzung des Buddhismus tibetischer Prägung bei den Mongolen. Schon im 13. Jahrhundert war der tibetische Buddhismus von den mongolischen Herrschern gefördert worden und hatte bei den mongolischen Eliten beträchtlichen Einfluss gewonnen. Auch nach dem Ende der Yuan-Dynastie war er bei den Mongolen präsent geblieben. Tibetische Quellen berichten von einer regen Reisetätigkeit tibetischer Mönche in die Mongolei während des 15. und 16. Jahrhunderts, und aus chinesischen Quellen wissen wir von relativ intensiven Beziehungen zwischen tibetischen Mönchen und einzelnen Fürsten der Oiraten. Auch buddhistische Namengebungen in jener Zeit weisen auf das Fortbestehen des Buddhismus bei den Mongolen nach dem Ende der Yuan-Dynastie hin.

Ab dem späten 16. Jahrhundert setzte sich der Buddhismus bei den Mongolen als dominante Religion durch. Seine Ausbreitung wurde von Altan Khan in Gang gesetzt. Er lud in den siebziger Jahren des 16. Jahrhunderts den Abt des zentraltibetischen Gelugpa-Klosters Drepung, Sönam Gyatso (1543–1588), in die Mongolei ein. Während des historischen Treffens zwischen den beiden Persönlichkeiten im Jahr 1578 verlieh der mongolische Herrscher dem buddhistischen Mönch den Ehrentitel *Dalai Lama*, «Meeres-Lama». Da seinen beiden Vorgängern der Titel postum ebenfalls verliehen wurde, wurde Sönam Gyatso als der 3. Dalai Lama bekannt.

Buddhismus und Politik   Altan Khan selbst erhielt vom 3. Dalai Lama die buddhistischen Titel *Cakravartin Dharmarāja*, «Raddreher Religionskönig», verliehen. Beide Titel verdeutlichen die politischen Implikationen der buddhistischen Missionierung der Mongolen. Ein *Dharmarāja*, «Religionskönig», ist ein buddhistischer Herrscher, der Schutzherr sowohl der Mönchsgemeinschaft als auch der Laien in seinem Reich ist. Ist der «Religionskönig» zugleich *Cakravartin*, «Raddreher», das heißt Herrscher, der das Rad der buddhistischen Lehre in der gesamten Welt in Bewegung setzt, so ist er im weltlichen Bereich dem Buddha ebenbürtig. Ein Cakravartin ist potentiell stets ein Weltenherrscher, der das Ideal einer buddhistischen Weltordnung umzusetzen versucht. Diese beiden Titel verliehen der Herrschaft Altan Khans, der nicht in direkter Linie von Dschingis Khan abstammte und daher keine politische Legitimation auf die Großkhan-Würde besaß, zumindest religiöse Legitimation. Dies mag ein starker Impuls für Altan Khan gewesen sein, sich für den Buddhismus einzusetzen. Die Beziehungen zwischen den mongolischen Fürsten und den tibetischen Mönchen konstituierten sich in der Folge in dem so genannten *Yönchö*-Verhältnis, der sozioreligiösen Beziehung zwischen einem säkularen «Gabenherren» (tibetisch *yöndag*) und einem religiösen «Lehrer» (tibetisch *chöne*), die in einem rituellen «Gabentausch» konkretisiert wird: Der religiöse Lehrer erhält von seinem Gabenherren im Tausch gegen religiöse Dienstleistungen

Naturalien, Gold oder andere Wertgegenstände, aber auch militärischen Schutz. Das Konzept der *Yönchö*-Beziehung wurde schon früh weiterentwickelt und zur Lehre von den «beiden Ordnungen» – «Religion» und «Staat» – ausformuliert. Der mongolische Fürst Qutughtai Secen Qung Tayiji, ein enger Weggefährte Altan Khans, konzipierte im 16. Jahrhundert in seinem großen Werk *Weiße Geschichte*, auf Vorlagen des 13. Jahrhunderts zurückgreifend, das Modell eines tibeto-mongolischen buddhistischen Idealstaats. Als religionspolitisches Vorbild diente ihm die Beziehung zwischen Qubilai Khan und seinem tibetischen Lehrer Phagpa. Die Rolle des Herrschers in einem buddhistischen Reich wird mit Begriffen wie «Frieden», «Ordnung» oder «Freude» charakterisiert. Diese Begriffe hatten schon in der autochthonen mongolischen Herrschaftsideologie eine zentrale Bedeutung und wurden nun buddhistisch uminterpretiert: Der geordnete Staat, innere Sicherheit und Frieden dienten dem übergeordneten Ziel des buddhistischen Heilserwerbs.

Der Buddhismus setzte sich rasch durch. Dies lag zum einen an seiner aktiven Förderung durch die mongolischen Fürsten, zum anderen an den geschickten Missionsmethoden der tibetischen Mönche. Schon in den achtziger Jahren des 16. Jahrhunderts wurden Gesetze erlassen, die das Schamanisieren unter Strafandrohung verboten. Die Schamaninnen und Schamanen, die die wichtigsten Konkurrenten der buddhistischen Mönche waren, wurden gnadenlos verfolgt. Es kam zu systematischen Zerstörungen der *Ongghod*-Figuren, der in jeder Yurte vorhandenen Puppen aus Filz, Stoff oder auch Holz, die die Ahnengeister, aber auch die schamanischen Hilfsgeister verkörperten. Neben gesetzgeberischen Maßnahmen wurden materielle Anreize dafür geschaffen, dass die Nomaden buddhistische Praktiken den schamanischen vorzogen: eine Kuh oder ein Pferd für die Rezitation buddhistischer Gebete, wie es in einem mongolischen Text heißt. Im ganzen Land wurden Tempel erbaut und Klöster gegründet, so 1586 das berühmte Kloster Erdeni Juu im Khalkhagebiet in der Nähe der alten Hauptstadt Karakorum. Eine neue soziale Schicht, die Mönchsgemeinschaft, entstand. Die großen Klöster erhielten Land, Vieh und dienstpflichtige Familien. Der mongolische Adel und der buddhistische Klerus waren häufig verwandtschaftlich verbunden. In der Qing-Zeit waren sie auch politisch gleichgestellt.

Eine neue kulturelle Blüte Die Übernahme des Buddhismus brachte eine neue kulturelle Blüte in der Baukunst und der Literatur mit sich. Eine rege Übersetzungstätigkeit tibetischer buddhistischer Schriften setzte ein. Zwischen 1602 und 1607 wurde der tibetische buddhistische Kanon, der aus über 1000 Einzelschriften in 108 Bänden besteht, durch ein Übersetzerkomitee erstmals vollständig ins Mongolische übersetzt. Druckereien wurden gegründet, und eine Kultur des Buches entstand. Als der 3. Dalai Lama 1588 in der Mongolei starb und seine Wiedergeburt in einem Urenkel Altan Khans entdeckt wurde, wurden die Mongolen endgültig in ein multi-ethnisches und multi-zentrisches buddhistisches Netzwerk eingebunden, das sich schon bald vom Himalayaraum über Tibet und die mongolischen Regionen bis nach Sibirien und an die untere Wolga erstreckte. China war ebenfalls Teil dieses Netzwerks. Im 17. Jahrhundert förderte die neue Qing-Dynastie den tibeto-mongolischen Buddhismus mit Tempel- und Klostergründungen in Beijing und an weiteren Orten sowie durch die Drucklegung des buddhistischen Kanons und zahlreiche Übersetzungsunternehmungen. Die Bedeutung des tibetischen Buddhismus schlug sich auch in der Architektur nieder: So war die Sommerresidenz des Qing-Kaisers in Chengde in der südöstlichen Mongolei dem Potala-Palast in Lhasa nachempfunden.

Neben der buddhistischen Übersetzungstätigkeit setzte eine eigenständige, auf mongolische Vorlagen aus dem 13. Jahrhundert wie auch tibetische und chinesische Vorlagen zurückgreifende Geschichtsschreibung ein, und die buddhistischen Wissenschaften, Mathematik, Astrologie, Astronomie, aber auch die Medizin und die schönen Künste wurden gepflegt.

1635 wurde Zanabazar geboren, der erste so genannte Jebtsundampa (aus dem Tibetischen rje btsun dam pa, «heiliger, ehrwürdiger Herr») Khutukhtu, ein Sohn des Tüsiyetü Khan Gombodorji der Khalkha-Mongolen. Mit ihm beginnt die wohl wichtigste buddhistische Wiedergeburtenreihe bei den Mongolen. Seine Residenz wurde *Küriye* («Kloster»), das heutige Ulanbator. Zanabazar erhielt seine geistliche Ausbildung in den Jahren 1649–1651 in Tibet, unter anderem vom Dalai Lama und vom Panchen Lama. Dadurch gewann er in seiner Heimat enormes soziales Prestige, das er in ökonomische Vorteile umzuwandeln verstand: Reiche fürstliche Gönner unterstützten die Errichtung von Tempeln und Klöstern sowie das Abschreiben und Drucken der buddhistischen kanonischen Werke. Dieser erste Jebtsundampa Khutukhtu ist nicht nur als bedeutender Gelehrter, sondern auch als großer Künstler bekannt geworden. Er begründete eine Skulpturenschule, die bis ins 18. Jahrhundert hinein aktiv war. Neben seiner literarischen Tätigkeit erfand er auch eine neue mongolische Schrift, die *Soyombo*-Schrift. Das *Soyombo*-Symbol wurde zum Symbol der Khalkha als Volk des Jebtsundampa Khutukhtu. Heute ist es auf der mongolischen Flagge abgebildet.

In den folgenden Jahrhunderten erhielt eine Vielzahl mongolischer Mönche eine Ausbildung an den berühmten Klosteruniversitäten in Tibet, und das Tibetische entwickelte sich in weiten Teilen der Mongolei zur Ritual- und Liturgiesprache. Auch Chroniken und philosophische Werke wurden häufig von mongolischen Gelehrten in tibetischer Sprache verfasst.

Neben Küriye wurde Beijing zum zweiten Zentrum des mongolischen Buddhismus. Dort hatte der Changkya Khutukhtu seinen Sitz. 1693 hatte der Qing-Kaiser den 1. Changkya Khutukhtu als seinen persönlichen geistlichen Lehrer nach Beijing berufen. Wie der Jebtsundampa Khutukhtu für die Khalkha-Mongolen, so wurde der Changkya Khutukhtu für die Mongolen der innermongolischen Regionen zur Identifikationsfigur. In Bezug auf religiöses Prestige und soziopolitischen Einfluss rangierten die beiden höchsten geistlichen Würdenträger der Mongolen direkt hinter dem Dalai Lama und dem Panchen Lama. Die Qing-Herrscher förderten diese beiden von Lhasa unabhängigen buddhistischen Zentren in ihrem Reich, um den direkten tibetischen Einfluss auf die Mongolen zu mindern. Neben dem

1. Jebtsundampa ist der 2. Changkya Khutukhtu Rölpä Dorje (1716–1786) eine der herausragenden Persönlichkeiten der mongolischen Geistesgeschichte.

Der letzte Großkhan der Mongolen   Im frühen 17. Jahrhundert unternahm der mongolische Großkhan Ligdan Khan (1592–1634) noch einmal den Versuch, die Mongolen zu einen und das mongolische Reich wieder auferstehen zu lassen. Als dreifacher Urenkel Dayan Khans führte er den persönlichen *ulus* des Großkhans, die Caqar, an. Sein Umgang mit politischen Gefolgsleuten und Gegnern war jedoch arrogant und ungeschickt. Durch Willkür seinen Gefolgsleuten gegenüber (er entzog ihnen etwa Herden und Familien), was dem geltenden Herrscherideal widersprach, schaffte er sich sogar unter seinen Verbündeten Feinde. Die Situation spitzte sich mit dem Erstarken der Jürchen zu. Sie waren die Nachfahren jener Jürchen, die im 12. Jahrhundert das Jin-Reich in Nordchina begründet hatten. Obwohl Ligdan Khan mit dem Jürchen-Anführer Nurhaci, der sich 1616 zum Khan ausgerufen und damit symbolisch das Erbe des Jin-Reiches angetreten hatte, diplomatische Beziehungen unterhielt und dieser ihn als Großkhan der Mongolen anerkannte, führten schließlich die veränderten ökonomischen Gegebenheiten zur Konfrontation zwischen Ligdan und Nurhaci. In den von den Caqar besiedelten Gebieten, die an China grenzten, betrieben immer mehr chinesische Flüchtlinge und Gefangene Ackerbau. Die chinesischen Siedlungen wurden von den Mongolen kontinuierlich überfallen. Eine Reihe mongolischer Fürsten, die die von ihnen eingenommenen Siedlungen als so genannte *idekü qota*, «Verpflegungsstädte», benutzten, waren von den landwirtschaftlichen Produkten dieser Siedlungen abhängig. Die Jürchen hingegen waren an der Eroberung der chinesischen Siedlungen aus rein machtpolitischen Gründen interessiert. Diese Interessenkollision – hier Versorgungs-, dort Machtpolitik – führte schließlich zum offenen Konflikt, als Ligdan 1619 die chinesische Stadt Kuang-ning, in der wirtschaftlich bedeutende Pferdemärkte abgehalten wurden, einnahm und zu Tributzahlungen verpflichtete. Nurhaci entsandte umgehend seine Truppen zur Rückeroberung der Stadt.

Ab 1624 schlossen sich immer mehr Mongolen den erstarkenden Jürchen an. Als Ligdan Khan 1627 die Qaracin-Mongolen überfiel, da sie seinen Zugang zu den Pferdemärkten behinderten, wandten sich die Ordos-, Tümed-, Abagha- und ein Teil der Khalkha-Mongolen gegen ihn und bereiteten ihm im Jahr 1628 eine vernichtende Niederlage. Ligdan Khan versuchte daraufhin, gegen diejenigen, die sich von ihm abgewandt hatten, Vergeltung zu üben. Dies brachte ihn endgültig zu Fall, denn die Jürchen sahen in der Bestrafung ihrer mongolischen Gefolgsleute einen Eingriff in ihren eigenen Hoheitsbereich. Hung Tayiji, der Nachfolger Nurhacis, gab am 8. Mai 1632 den Befehl zum Angriff auf den letzten Großkhan der Mongolen. Sämtliche mit den Jürchen verbündeten mongolischen Völkerschaften wurden aufgefordert, mit ihnen gegen Ligdan Khan zu ziehen. Dieser sammelte die ihm verbliebenen Gefolgsleute, etwa hunderttausend Männer, Frauen und Kinder, und zog zuerst zu den *Acht Weißen Zelten* im Ordos-Gebiet, um seine Inthronisation nachzuholen. Aber auch dieser symbolische Akt brachte ihm keine Sympathien mehr ein. Zwei Jahre später starb er auf der Flucht in Qinghai. Die Ordos-Mongolen lieferten seinen Sohn und tausend Caqar-Familien im Jahr 1635 den Jürchen, die inzwischen Köke qota eingenommen hatten, aus.

Die Mongolen in Tibet In den dreißiger Jahren des 17. Jahrhunderts wurde Tibet immer stärker in die innermongolischen Machtkämpfe um Ligdan Khan hineingezogen. Mongolische Truppen drangen bis nach Drepung bei Lhasa vor. 1637 besiegte Gushri Khan, der Fürst der zu den Oiraten gehörenden Khoshod-Mongolen, die letzten Verbündeten Ligdan Khans und etablierte ein Fürstentum im Kökenor-Gebiet und Tsaidam. Gushri Khan war der Gelugpa-Lehrtradition und dem jungen 5. Dalai Lama (1617–1682) treu ergeben und wurde zu ihrem wichtigsten weltlichen Verbündeten. 1641 eroberten seine Truppen Osttibet und begannen unmittelbar danach, nach Zentraltibet vorzudringen, um die Macht des Fürsten von Tsang, des Widersachers der Gelugpa, zu brechen. Nach einem siebenmonatigen Krieg, der ganz Zentraltibet in Mitleidenschaft zog, nahm er Shigatse ein. Noch im selben Jahr installierte Gushri Khan den 5. Dalai Lama als weltlichen und geistlichen Herrscher über Tibet, sich selbst gab er den Titel «König von Tibet». Mit Hilfe der mongolischen Unterstützung konnten die Gelugpa schnell ihre Machtposition in Zentraltibet und darüber hinaus ausbauen. Im 17. Jahrhundert wurde die überragende Stellung des Dalai Lama bei den Mongolen in den Titelverleihungen besonders deutlich: Erst der vom Dalai Lama verliehene Titel «Khan» legitimierte einen mongolischen Fürsten.

7. Die Mongolen im Qing-Reich (17.–19. Jahrhundert)

In den mongolisch besiedelten Regionen Zentralasiens bestimmten im 17. Jahrhundert Mandschus, Russen und Dzungaren die Politik. Der Aufstieg der Mandschus besiegelte in politischer Hinsicht das Schicksal der Mongolen. Die Mandschus waren die Jürchen, die unter ihrem Khan Nurhaci die Jin-Dynastie neu gegründet hatten. Nurhacis Sohn und Nachfolger Hung Tayiji gab 1635 seinem Volk den neuen Namen «Mandschu» und rief sich am 14. März 1636 zum Kaiser aus. Seine Dynastie nannte er *Qing*, «Reinheit». An der feierlichen Proklamation nahmen neunundvierzig Fürsten aus sechzehn mongolischen Völkerschaften teil, die in den folgenden Jahrzehnten in das Qing-Reich eingegliedert wurden.

Mongolen zwischen Russland und China Das Russische Reich begann seine Expansion nach Osten mit der Eroberung des Khanats von Kazan (1445–1552) Mitte des 16. Jahrhunderts. Die langsame Kolonisierung Sibiriens wurde durch Händler und Kosaken eingeleitet, die große Unabhängigkeit von Moskau genossen. Die Interessen Russlands in diesen Grenzregionen waren wirtschaftlicher Art. Dem Zarenreich ging es um die Ausbeutung des Reichtums an Fellen, dem «weichen Gold» Sibiriens. Die Dezimierung der Zobel-, Otter- und Nerz-Bestände ließ die

Händler und Soldaten immer weiter vorrücken. Nachdem die Russen 1649 die pazifische Küste erreicht hatten, kam es ständig zu militärischen Zusammenstößen mit den Mandschus am Amur. Die Konflikte wurden erst 1689 mit der Festlegung der Grenze zwischen den beiden Reichen im Abkommen von Nerchinsk endgültig beigelegt.

Als die Russen an den Baikal-See vorstießen, kamen sie in Kontakt mit verschiedenen mongolischen Völkern, vor allem den Oiraten. Diese waren an Handelsbeziehungen interessiert und schickten 1607/08 eine Gesandtschaft nach Moskau, um Weiderechte am Irtysch und Ob zu erlangen sowie die Erlaubnis, in sibirischen Städten Handel zu treiben. Die Russen gewährten zwar die Weiderechte, gingen aber keine militärische Allianz mit den Oiraten ein, da diese sich weigerten, dem Zaren einen Unterwerfungseid zu schwören. Die Beziehungen der Mongolen zu den Russen waren wie die zu China von unterschiedlichen Auffassungen geprägt. Russland nannte Verhandlungen «Bittgesuche» und ging davon aus, dass sich die Mongolen dem Zaren unterwerfen sollten. Beziehungen zwischen Mongolen und Russen wurden in eine religiöse Sprache gekleidet: Die Mongolen waren «Heiden», die dem rechtgläubigen Zaren zu huldigen hatten. Während Russland von dauerhafter Unterwerfung sprach, strebten die Mongolen temporäre Allianzen zwischen gleichwertigen Partnern an. Handelsbeziehungen zwischen Sibirien und den Mongolen kamen schnell in Gang. Wie in China spielten auch hier Pferde, die in Sibirien als Transporttiere benötigt wurden, die Hauptrolle. 1607 brachten Mongolen 550 Pferde in das sibirische Tara, im Tausch gegen Geld, Schreibpapier und Stoffe. Später kontrollierten die Mongolen den Pelzhandel zwischen Russland und China.

Die wichtige Rolle der Mongolen im Kräftespiel zwischen Russland und dem Qing-Reich im 17. Jahrhundert ist wenig bekannt. Die Kommunikation zwischen Russen und Mandschus lief im frühen 17. Jahrhundert oft über mongolische sprachliche Vermittlung, da das Mongolische in diesen Gebieten als *lingua franca* diente. Direkte Kontakte zwischen Russen und Mandschus fanden nur selten statt, aber beide Seiten hatten häufige und intensive

Kontakte mit den in der Region ansässigen Mongolen. Als im sibirischen Nerchinsk die Verhandlungen über die Festlegung der russisch-chinesischen Grenze stattfanden, übernahmen jedoch Jesuiten die Vermittlerrolle, und Latein wurde die «gemeinsame» Sprache der Parteien. In der Folge rückten die mongolischen Interessen in den Hintergrund. Die Festlegung des Grenzverlaufs zwischen den beiden Imperien im Abkommen von Nerchinsk 1689 brachte einschneidende Veränderungen für die Mongolen mit sich. Die Grenzgebiete waren bis dahin eine offene Zone gewesen, in der die politischen Identitäten der dort lebenden Menschen ständig wechselten. Die mongolischen und tungusischen Völker der Region nutzten dies aus und wechselten entsprechend oft die Seiten und Allianzen. Dies änderte sich mit dem Abkommen. Nach 1689 mussten Flüchtlinge, Deserteure, ja ganze ethnische Gruppen neu als Untertanen von Russland oder China definiert werden. Die politischen Identitäten wurden festgelegt und das riesige dünn besiedelte Territorium ausgemessen und erforscht. Das Abkommen von Nerchinsk und das 1727 abgeschlossene Handelsabkommen von Kiakhta sorgten für eine neue Festlegung des imperialen Raums und unterbanden effektiv die Bewegungen der nomadischen Völker an den Rändern der Imperien.

Der Krieg gegen Galdan Auf dem Territorium der Äußeren Mongolei siedelten im 17. Jahrhundert hauptsächlich die Khalkha-Mongolen, die neben der Caqar der mächtigste Verband der Mongolen des linken Flügels waren. Den Mandschus gegenüber verhielten sich die Khalkha zunächst zurückhaltend. Im Jahr 1636 schickten zwei Khalkha-Khane dem Mandschu-Kaiser acht weiße Pferde und ein weißes Kamel. Die Gabe wurde von den Mandschus als Tribut und damit Unterwerfungsgeste betrachtet. Ab 1638 wurde sie unter der Bezeichnung «Tribut der Neun Weißen» regelmäßig entrichtet.

Im 17. Jahrhundert vollzog sich auch der Aufstieg der Dzungaren, die der oiratischen Konföderation angehörten, zu einer bedeutenden überregionalen Macht. Ihr Herrscher Galdan hatte 1678/79 versucht, seine Macht auf Ostturkestan auszudehnen und die Städte Kashgar, Yarkend, Hami und Turfan seinem

Herrschaftsbereich einzugliedern. Die Khalkha pflegten zuerst mit den Dzungaren diplomatische Beziehungen. Kurzzeitig kam es sogar zu einem Bündnis, aus dem eine gemeinsame Sammlung von Rechtsvorschriften hervorging. In den achtziger Jahren des 17. Jahrhunderts brach jedoch wegen einer Familienfehde, in die verschiedene Khalkha-Gruppen und die Dzungaren verwickelt waren, Krieg aus. Die Vermittlungsversuche des Qing-Kaisers und des 5. Dalai Lama (beziehungsweise dessen Regenten, der den Tod des 5. Dalai Lama im Jahr 1682 geheim hielt und an seiner statt regierte) waren erfolglos. 1688 fiel Galdan mit 30 000 Mann nach Khalkha in die Gebiete des Jasaghtu Khan ein. Die Khalkha-Mongolen erlitten eine schwere Niederlage und flohen mit ihren Familien Richtung Innere Mongolei, wo sie den Schutz des Qing-Kaisers erbaten. Für die Mandschus stellte die Aufnahme so vieler Haushalte an ihren Nordgrenzen eine enorme logistische Herausforderung dar. Sie mussten plötzlich aus ihren Getreidespeichern fast 150 000 Leute zusätzlich verköstigen. Die Okkupation des Khalkha-Territoriums durch die Dzungaren bedeutete zudem eine ernste Bedrohung an den Grenzen des Qing-Reiches. 1690 rüsteten die Qing daher zum Krieg, und noch im gleichen Jahr wurde Galdan von einer Qing-Armee bei Ulan Budung im Jehol-Gebiet geschlagen. In einer Kampfpause begab sich der Kaiser in das etwa 300 km westlich von Beijing gelegene Dolonor, wo ein feierlicher Empfang für die innermongolischen Fürsten sowie für die Khane der Khalkha und den Jebtsundampa Khutukhtu stattfand. Neben den großen Khanen der Khalkha waren weitere 550 Fürsten versammelt. Auf diesem berühmten Fürstentag von Dolonor, über den durch den Jesuitenpater Gerbillon, der an ihm teilnahm, sogar im weit entfernten Europa berichtet wurde, erklärten die Khalkha-Mongolen dem Qing-Kaiser offiziell ihre Gefolgschaft. Ihre Unterwerfung unter die Qing-Herrscher brachte ihnen militärischen Schutz. Als Galdan 1695 erneut in den Gebieten der Khalkha einfiel, zog der Kangxi-Kaiser persönlich gegen ihn zu Felde. Im Juni 1696 schlug die Qing-Armee die Truppen Galdans vernichtend, er selbst flüchtete mit seiner Familie und wenigen Gefolgsleuten. Ein Jahr später starb er auf der Flucht.

Die administrative Eingliederung der Mongolen in das Qing-Reich Die uns geläufige Einteilung in «innere» und «äußere» Mongolei geht auf eine mandschurische Einteilung der mongolischen Völker im 17. Jahrhundert zurück. Die Qing-Administration unterschied zwischen «inneren» (*dotoghadu*) und «äußeren» (*ghadaghadu*) Mongolen. Für sie war als oberste Verwaltungsbehörde das *Lifanyuan*, «Amt für die Außenbezirke», zuständig. Als «innere Mongolen» wurden die Völkerschaften bezeichnet, die sich 1636 den Mandschus angeschlossen hatten, während die «äußeren» Mongolen diejenigen waren, die damals noch nicht in das Qing-Reich eingegliedert waren. Obwohl diese politische Einteilung nach 1691 obsolet geworden war, wurde sie als administrativ-geographische Bezeichnung beibehalten. Die Gebiete der «inneren» und «äußeren» Mongolen unterschieden sich im Ausmaß der Einbindung in das Qing-Reich. Die politisch-administrative Kontrolle der Qing war in der Inneren Mongolei wesentlich stärker. Die Khalkha-Mongolen waren für die Qing vor allem als militärische Reserve wichtig.

Das Banner (*qosighun*), das vor der Qing-Zeit bei den Mongolen eine militärische Abteilung gebildet hatte, wurde zur grundlegenden soziopolitischen zivilen wie militärischen Verwaltungseinheit der Mongolen im Qing-Reich. Drei Aspekte zeichneten ein Banner, das einem lokalen Regenten (*Jasagh*), gewöhnlich einem dschingisidischen Fürsten, unterstand, aus: Seine Grenzen waren verbindlich festgelegt, dem Fürsten waren Untertanen zugeteilt, und die Bevölkerung des betreffenden Gebiets war in Unterbezirke, die «Pfeile» (*Sumun*), unterteilt, die aus je 150 Haushalten bestanden und in Kriegszeiten 150 Soldaten stellen mussten. Die *Sumun* waren noch weiter untergliedert in Fünfziger-, Zwanziger- und Zehner-Einheiten.

Diese Ordnung entsprach einerseits den im 17. Jahrhundert geltenden mongolischen Sozialstrukturen. Schon lange waren die Mongolen lokalen Fürsten, die ihre Abstammung auf Dschingis Khan zurückführten, unterstellt und hatten ihnen zugeteilte Weidegebiete bewirtschaftet. Andererseits veränderten die Mandschus die Funktionen der mongolischen Institutionen, die von soziopolitischen zu administrativen Einheiten wurden.

Die Regenten hatten nicht mehr absolute zivile und militärische Autorität, sondern erhielten ihre Macht, die im Wesentlichen die Administration des Banners umfasste, vom Qing-Herrscher. Die den mongolischen Fürsten zugeteilten Gebiete wurden von Nichtmongolen festgelegt und kontrolliert.

In den innermongolischen Gebieten wurden die Mongolen in insgesamt sechs Bünde (*cighulghan*) mit 49 Bannern untergliedert. Hinzu kamen acht Banner der Caqar, die direkt der Zentralregierung unterstanden. Die Khalkha-Mongolen wurden nach 1691 in insgesamt 34 Banner aufgeteilt, die bis 1759, trotz geringer Bevölkerungsdichte, auf 86 anwuchsen. Das Khalkha-Gebiet war unterteilt in vier politische Einheiten (*Ayimagh*) mit vier Khanen. Der Jebtsundampa Khutukhtu wurde als das formale Oberhaupt aller Khalkha anerkannt.

Die Banner bildeten in sich geschlossene Gemeinschaften. Bei den inneren Mongolen waren sie gewöhnlich mit einer partikularen ethnischen Identifikation verbunden, während bei den äußeren Mongolen praktisch alle Banner zu den Khalkha gehörten. Daher war die Banneridentität in der Inneren Mongolei wesentlich ausgeprägter. Für das Qing-Reich bildeten die Mitglieder der Banner distinkte, subethnisch differenzierte und rechtlich anerkannte Gruppen. Zu jedem Banner gehörte auch ein buddhistisches Bannerkloster. Die Bevölkerung wurde in einem alle drei Jahre durchgeführten Zensus erfasst, die Distrikte und Banner wurden kartographisch vermessen und in Weidegebietskarten fixiert. Die Zensusergebnisse und Karten wurden in regelmäßigen Abständen an das «Amt für die Außenbezirke» geliefert. Das Amt verlieh auch das Siegel des Bannerregenten, das ihm das Recht gab, sein Territorium zu regieren.

Die offizielle Amtssprache in den mongolischen Gebieten blieb Mongolisch. Alle lese- und schreibkundigen Männer des Banners mussten einen zweimonatigen Dienst als Bannerbeamte ableisten. Die Steuereintreibung lag in den Händen der Bannerverwaltung. Da nur der Bannerregent ein Gehalt bezog, waren zu hohe Steuern und Unterschlagung durch die Bannerbeamten an der Tagesordnung.

Banneridentität wurde nicht nur durch juridische und admi-

nistrative Maßnahmen gefördert, sondern auch auf einer visu-
ell-rituellen Ebene. Ein wichtiges Ritual bildete die «Siegelver-
sammlung», die zu Neujahr abgehalten und während der das
Bannersiegel verehrt wurde. Neben dem rituellen Auftakt des
neuen Jahres gehörten zu den vom Banner finanzierten und
durchgeführten gemeinschaftlichen Ritualen die *Kumis*- und
Naadam-Feste und die *Obo*-Verehrung. *Naadam*, «Spiel», ist
eine Abkürzung für die «drei Spiele der Männer», nämlich Ringen, Pferderennen und Bogenschießen. Sie erfreuen sich heute
noch großer Beliebtheit. Auch die schon erwähnten *Obo*, kleine
Hügel aus Steinen, Sand oder Erde, die den Territorialgottheiten
als Wohnsitze dienen, trifft man noch heute in der Landschaft an.
In der Qing-Zeit wurden sie als sichtbare Markierungen der Bannergrenzen benutzt. In der von den Bannerautoritäten organi-
sierten *Obo*-Verehrung wurde das Banner als exklusive territoriale Einheit symbolisch bestätigt.

Mobilität außerhalb des Banners war, außer für einige wenige
Fürsten, praktisch unmöglich. Innerhalb der Bannergrenzen
konnte man sich frei bewegen. Auch Ackerland konnte genutzt
oder natürliche Ressourcen wie Salz abgebaut werden, beides
gegen eher symbolische Gebühren. Nicht-Bannermitglieder
zahlten für solche Rechte allerdings ein Vielfaches.

Die Dzungarenkriege   Das Ende Galdans hatte keineswegs das
Ende des Dzungarenreiches bedeutet. Dieses erreichte den Höhepunkt seiner Macht erst unter der Herrschaft von Galdans
Neffen und Nachfolger, Tsewang Arabdan (1643–1727, reg. ab
1697), und erst nach dem Tod seines Sohnes Galdan Tseren
brach es aufgrund von Erbfolgestreitigkeiten zusammen. 1717
entsandte Tsewang Arabdan eine Armee unter dem Befehl seines
Vetters Tseringdondub nach Tibet. Lhasa wurde gestürmt und
der damalige Khoshod-Herrscher Lhazang Khan getötet. Die
tibetische Bevölkerung hatte die dzungarischen Truppen zuerst
freudig begrüsst. An die Stelle des verhassten Lhazang Khan trat
jedoch eine brutale Willkürherrschaft der Dzungaren. Die Tibeter wandten sich in ihrer Ohnmacht an den Qing-Kaiser, der
1718 eine Armee nach Tibet entsandte. Aber erst zwei Jahre spä-

ter gelang es den mandschurischen Truppen, Lhasa von den Dzungaren zurückzuerobern. An beiden Feldzügen waren neben mandschurischen Truppen auch Kontingente von Khalkha-Mongolen beteiligt. In den nächsten Jahren kam es immer wieder zu kleineren Scharmützeln zwischen den Dzungaren und den Khalkha, die im Winter 1731 in einer großen Schlacht kulminierten, die die Khalkha für sich entschieden. Dies hinderte die Dzungaren allerdings nicht, schon ein knappes halbes Jahr später mit 30 000 Mann erneut in Khalkha-Territorium einzufallen und sogar bis zum Kloster Erdeni Juu vorzurücken. Dort kam es zur Schlacht zwischen den Qing-Truppen, die große Khalkha-Truppenkontingente mit sich führten, und den Dzungaren. Die Dzungaren wurden geschlagen. 1734 wurden Friedensverhandlungen aufgenommen, die sich bis 1739 hinzogen, als die Grenze zwischen Qing-Reich und Dzungaren im Altai festgelegt wurde.

Der zweite Dzungarenkrieg, der zu ihrer endgültigen Vernichtung führte, dauerte von 1754 bis 1759. Beide Kriege stellten eine enorme ökonomische Belastung für die Khalkha dar. Schon im ersten Dzungarenkrieg hatten die Qing von ihnen enorme Mengen Vieh für den Truppenunterhalt gefordert. Während des zweiten Dzungarenkriegs wurden die Khalkha regelrecht ausgeplündert. Allein in den Jahren 1753 bis 1757 zog man aus dem Khalkha-Territorium insgesamt 150 000 Pferde, 221 000 Kamele und 491 300 andere Tiere für die Versorgung der Truppen ein. Als bei den Dzungaren aufgrund von Erbfolgestreitigkeiten ein Bürgerkrieg ausbrach, flohen viele zu den Khalkha und baten um Aufnahme in das Qing-Reich. 1753 unterstellten sich die oiratischen Dörbed den Qing. Zu ihrer Unterstützung wurde Vieh und Weideland von den Khalkha zu staatlich festgelegten Preisen aufgekauft. Als 1754/55 ein besonders harter Winter hinzukam, entschloss sich der Khalkha-Fürst Cinggünjab zur offenen Rebellion: Er verweigerte einen Befehl des Qing-Kaisers und desertierte von seinem Posten. Berühmt ist sein Klagebrief an den Kaiser, in dem er eine bittere Bilanz der Qing-Herrschaft zieht: Sie hätten die Khalkha unterdrückt, indem sie ihre Pferde und Rinder genommen und den Bruder des 2. Jebtsundampa Khutukhtu, Erinchendorji aus der Linie Dschingis Khans, ermordet hätten. Aus dem Brief wird ersichtlich, dass das Schicksal Erinchendorjis der Tropfen war, der das Fass zum Überlaufen gebracht hatte. Er verkörperte durch seine Herkunft die glorreiche Vergangenheit aller Mongolen und diente als Ikone einer Einigkeit, an der die Mongolen in der Realität gescheitert waren. Obwohl Cinggünjab an die Fürsten der Khalkha appellierte, als Nachkommen Dschingis Khans das Joch der Qing-Herrschaft abzuschütteln und sich ihm anzuschließen, gelang es ihm nicht, mehr als zweitausend Mann um sich zu versammeln. Der entscheidende Faktor war der 2. Jebtsundampa Khutukhtu, der selbst ein Dschingiside war und große Sympathien im Volk genoss. Er sprach sich öffentlich für das Verbleiben der Khalkha-Mongolen unter der Qing-Herrschaft aus. Im Januar 1757 nahmen Qing-Truppen Cinggünjab gefangen. Er wurde nach Beijing gebracht und zusammen mit fast seiner ganzen Familie hingerichtet. Gegen die restlichen Aufständischen wurde rigoros vorgegangen. Auch sie wurden hingerichtet und ihre Familien als Leibeigene in Qing-treue mongolische Fürstenfamilien gegeben.

Der Aufstand Cinggünjabs hatte ein religionspolitisches Nachspiel für die Institution des Jebtsundampa Khutukhtu: Der Qing-Herrscher ordnete an, dass von nun an die Wiedergeburten nur noch in Tibet entdeckt werden sollten. Nie mehr sollte den Mongolen in einem Jebtsundampa Khutukhtu ein Führer, ausgestattet mit der doppelten Autorität dschingisidischer Abstammung und buddhistischer Legitimation, erwachsen.

Das Ende der Dzungaren war fürchterlich. Qianlong ordnete die Ermordung nicht nur aller waffenfähiger Männer an, sondern einen regelrechten Genozid. Er schreckte nicht einmal davor zurück, die buddhistischen Mönche töten zu lassen, die die Dzungaren unterstützt hatten. Die planmäßige Auslöschung der Dzungaren ist einmalig in der Geschichte des Qing-Reiches. Chinesische zeitgenössische Quellen rechnen vor, dass von den etwa 600 000 Dzungaren 40 Prozent an den Blattern starben, 20 Prozent zu den Russen und Kasachen flohen, und 30 Prozent ermordet wurden. Die wenigen überlebenden Frauen und Kinder wurden zu leibeigenen Bediensteten. Auf diese Weise versuchte der Herrscher, endgültig Frieden an der Nordwestgrenze des Reiches zu schaffen. Die Dzungarei wurde entvölkert, um langsam durch staatliche Maßnahmen mit chinesischen Bauern, mandschurischen Bannerleuten, Umsiedlern aus Turkestan und anderen wieder besiedelt zu werden. Die Dzungaren als Volk wurden ausgelöscht, ihr Kampf gegen die Qing überlebte lediglich in Legenden.

Die Rückkehr der Torgud-Mongolen In der ersten Hälfte des 17. Jahrhunderts waren die Torgud, eine der vier Völkerschaften der Oiraten, auf der Suche nach Weidegründen aus der Westmongolei an die untere Wolga gezogen, wo sie in den Steppenregionen nördlich des Kaspischen Meeres nomadisierten. Sie waren aus ihren angestammten Weidegebieten von dem Dzungaren-Fürsten Batur Qung Tayiji, dem Vaters Galdans, verdrängt worden. In ihrem neuen Lebensraum bildeten die Torgud nahezu autonome Gemeinschaften unter ihren eigenen Anführern. Obwohl sie dem Zaren einen Gefolgschaftseid geschworen hatten, war ihr Status mehr der eines unabhängigen Bündnispartners als der eines Vasallen. Unter ihrem Herrscher Ayuki Khan (1669–1724) erlangten die Torgud ihre größte räumliche Ausbreitung am Kaspischen Meer.

Die Torgud behielten ihre Kontakte zur alten Heimat bei und sandten sogar Tributgesandtschaften an den Qing-Kaiserhof. 1698 erhielt der Sohn von Ayuki Khan die Erlaubnis, mit fünftausend Gefolgsleuten die heilige Stadt Lhasa zu besuchen. Die Qing versuchten immer wieder, die Torgud zur Rückkehr in chinesisches Hoheitsgebiet zu bewegen. Der mandschurische Gesandte Tulisen (1667–1741), der vom Kangxi-Kaiser 1712 zu Ayuki Khan entsandt wurde, verfasste einen ausführlichen Bericht mit einer Fülle von Nachrichten über Sibirien (zusammen mit einer Karte der Region, die russischen und westeuropäischen Karten der Zeit zumindest ebenbürtig, wenn nicht gar überlegen war) und sogar ein Sittenporträt der Russen. Der Bericht, unter dem Titel «Notizen über die Orte, an die ich in den abgeschnittenen Grenzregionen gesandt wurde» zuerst in Mandschu abgefasst und 1723 in Chinesisch unter dem Titel «Bericht über fremde Regionen» publiziert, erregte auch das Interesse der Europäer. Er wurde 1726 ins Französische übersetzt, eine deutsche und zwei russische Übersetzungen folgten im späten 18. Jahrhundert und 1821 schließlich eine englische. Ayuki Khan äußerte dem Gesandten gegenüber seine Unzufriedenheit mit der russischen Herrschaft, die sich vor allem in Forderungen nach Militärhilfe manifestierte. Im 17. und 18. Jahrhundert wurde der Druck vonseiten der Russen stärker. Die Torgud, von den Russen «Kalmücken» genannt, mussten Militärdienst leisten, und die Russen mischten sich immer stärker in ihre innere Verwaltung ein. 1762 erklärte Zarin Katharina II., dass es dem Torgud Khan verwehrt sei, seinen eigenen Beraterstab zusammenzustellen, und er stattdessen die Bestätigung durch den Zaren benötige. Darüber hinaus forderte sie – bei einer Gesamtbevölkerung von wenig mehr als 41 000 Haushalten – eine 20 000 Mann starke kalmückische Kavallerie für den russischen Krieg gegen das Osmanische Reich 1768. Die Kalmücken zogen mit einer 10 000 Reiter starken Truppe in den Krieg, kehrten jedoch im September 1769 trotz russischen Verbots zu ihren Weidegründen zurück, um ihre Herden über den Winter zu bringen. Die exorbitanten Forderungen der Zarin veranlassten Ubashi Khan, sich im Januar 1771 mit über 30 000 Haushalten, insgesamt 150 000 bis 170 000 Leuten (zwei Drittel der an der Wolga nomadisierenden Torgud), auf den Weg in die Dzungarei, in den Einflussbereich der Qing, zu machen. Im Juni hatten die Torgud den Balkash-See erreicht, jedoch mit großen Verlusten, die dem harten Winter, Hunger, Krankheit und ständigen Überfällen der Kasachen geschuldet waren. Als Ubashi Khan schließlich das Ili-Gebiet erreichte, hatten nur 15 000 Haushalte, etwa 70 000 Menschen, den Exodus überlebt. Seine Hoffnung, in der Dzungarei unter Qing-Hoheit eine unabhängige Existenz führen zu können, wurde rasch zerstört. Der Qianlong-Kaiser betrachtete die Torgud als seine Untertanen, auch wenn sie das Qing-Reich über ein Jahrhundert zuvor verlassen hatten. Er ließ sie mit allen lebensnotwendigen Dingen versorgen und siedelte sie in verschiedenen Gebieten des Reiches an. Zehn Banner in insgesamt vier Bünden wurden im nördlichen Xinjiang angesiedelt, weitere zwei Banner in der Nähe von Kobdo und vier Banner südlich von Karashahr. Darüber hinaus zwang man viele Torgud, Ackerbauern zu werden. Mit der Rückkehr der Torgud konnte der Qianlong-Kaiser für sich in Anspruch nehmen, Herrscher über alle Mongolen zu sein: «Von allen mongolischen Völkern gibt es keine, die nicht die Untertanen der Großen Qing sind.»

Für die Torgud erfüllte sich der Traum von einem unabhängigen und besseren Leben nicht. In einem chinesischen zeitgenössischen Bericht wird für das Jahr 1777, nur sechs Jahre nach ihrer Rückkehr, berichtet, viele der Männer seien Banditen geworden, während die Frauen durch die Umstände zur Prostitution gezwungen worden seien. Heute sind die in China siedelnden Torgud (die 1947 gerade einmal 57000 Personen zählten) als distinkte ethnische Gruppe in der mongolischen «Nationalität» aufgegangen, während die Kalmücken, die an der Wolga blieben, in der Kalmückischen Republik innerhalb der Russischen Föderation leben.

Soziale und kulturelle Veränderungen   In den mongolischen Regionen brachte die Eingliederung in das Qing-Reich dauerhafte und einschneidende gesellschaftliche Veränderungen mit sich. Die Bewegungsfreiheit war durch das Bannersystem drastisch eingeschränkt worden. Die Khane der vier großen Khalkha-Territorien hatten außerhalb ihres Gebietes nur wenig Einfluss. Die sämtliche Khalkha-Mongolen einende Integrationsfigur war der Jebtsundampa Khutukhtu, auch wenn die auf den 2. Jebtsundampa folgenden Wiedergeburten ethnische Tibeter waren. Seine institutionelle Autorität war immens. Die Khalkha-Mongolen sahen sich als persönliche Bedienstete des Khutukhtu (*shabi*), und die persönliche Residenzstadt des Jebtsundampa wurde tatsächlich so etwas wie ein fünfter Distrikt in Khalkha, der von Steuerabgaben und Militärdiensten ausgenommen war. Schon vor dem 20. Jahrhundert entwickelte sich eine urbane Kultur in Küriye. In der Stadt lebten nicht nur Chinesen und Mönche, sondern auch Mongolen, die ihren Lebensunterhalt als Schlachter, Schreiner oder Fuhrleute verdienten.

Der Import chinesischer Waren führte langfristig zur Aufgabe des Ackerbaus in den khalkha-mongolischen Gebieten. Geldverleih und interregionaler Handel konzentrierten den Reichtum in den Händen weniger Familien. Der Buddhismus erlebte eine Blütezeit. Die Klöster nahmen einen erheblichen Aufschwung, da sie von Steuern und Abgaben befreit waren und ein Teil der Bevölkerung ihnen dienstverpflichtet war. Einzelne Lamas wurden sehr reich. Manchmal liest man, dass 40 Prozent der männlichen Bevölkerung als Mönche in den Klöstern lebten. Dies trifft jedoch nicht zu, da die meisten Mönche nach Jugendjahren im Kloster in ihre *Ayils* zurückkehrten und dort oft Familien gründeten.

In den innermongolischen Gebieten wurde der chinesische Siedlungsdruck im 19. Jahrhundert immer größer. Wahrscheinlich siedelten schon im frühen 18. Jahrhundert die ersten Chinesen in der Inneren Mongolei. Mit dem Anwachsen der chinesischen Bevölkerung von 100–150 Millionen um 1650 auf 410 Millionen im Jahr 1850 strömten immer mehr Siedler in die Region, obwohl schon 1748 per Edikt die Kolonisierung ohne vorher eingeholte Erlaubnis verboten worden war. Ausnahmen wurden zuerst nur gemacht, wenn die Siedler im Winter wieder hinter die große Mauer zurückkehrten. Im 19. Jahrhundert wurden diese Regeln immer weniger durchgesetzt. Um 1800 belief sich die offizielle Zahl der chinesischen Siedler in den innermongolischen Gebieten auf mehr als 425 000. Trotzdem war die Ansiedlung noch bis 1901 offiziell verboten.

Generell war die wirtschaftliche und politische Situation der Mongolen im Qing-Reich von zunehmender Repression bestimmt. Die steuerpflichtige Bevölkerung musste für die Bannerregenten und das Qing-Reich eine Vielzahl von Dienstverpflichtungen und Abgaben leisten. Dazu gehörte nicht nur der Dienst in der Armee, sondern auch die Ausrüstung und Verpflegung für Kriegszüge und die Besetzung der Grenzwachtposten. Besonders aufwendig war der Unterhalt der Poststationen. Die Bürde der Verpflichtungen wog schwer. Hinzu kam die immer stärkere Verschuldung bei chinesischen Handelshäusern.

Trotz der sich verschärfenden sozialen und politischen Missstände waren die ersten Jahrzehnte des 19. Jahrhunderts eine politisch relativ ruhige Zeit, in der es nur selten zu sozialen Unruhen kam. Die vom Buddhismus geprägte Kultur und die Literatur gelangten zu einer neuen Blüte. In diese Zeit fällt das Wirken des von dem Mongolisten Walther Heissig mit Goethe verglichenen Dichters Danzan Ravjaa (1803–1856), der mehr als dreihundert Werke, von Liedern und Gedichten bis hin zum ersten Singspiel in mongolischer Sprache, hinterlassen hat. Danzan Ravjaa war ein ranghoher buddhistischer Geistlicher der Nyingmapa, einer buddhistischen Lehrtradition, die nicht an den Zölibat gebunden war, und führte das Leben eines Wandermönchs. Er zog, begleitet von seinen Frauen und seinen Schülern, durch die Wüste Gobi, und auch heute noch sind seine Lieder vor allem in der Gobi-Gegend bekannt. Seine zahlreichen Spitznamen wie «Trunkenbold aus der Gobi» kennzeichnen ihn als «verrückten Heiligen» in der Tradition des tibetischen Buddhismus. Ein Museum an der Stätte seines früheren Wirkens hält heute sein Andenken lebendig.

Erste Widerstands- und Reformbewegungen Ab der Mitte des 19. Jahrhunderts führten die sich verschärfenden Lebensbedingungen, insbesondere der Verkauf von Weideland an chinesische Siedler und die Schikanen der Bannerbeamten, zur Entstehung einer Widerstandsbewegung in den innermongolischen Gebieten, die sich *dughuilang*, «Kreis», nannte. Ihre Mitglieder saßen während ihrer Versammlungen in einem Kreis zusammen, so dass niemand erkennen konnte, wer ihr Anführer war. Eingaben und Gesuche an die Bannerregenten und die Qing-Verwaltung wurden von allen Gruppenmitgliedern unterzeichnet, aus demselben Grund ebenfalls in einem Kreis. Die Protestbewegung organisierte sich in voneinander unabhängigen Gruppen, die nicht nur Petitionen und Gesuche an die Behörden einreichten, sondern auch tyrannische Bannerbeamte durch Drohungen und mitunter auch Gewalt unter Druck setzten. Neben gewöhnlichen Leuten waren auch verarmte Fürsten, kleine Bannerbeamte und Mönche Mitglieder der Bewegung. Im Ordos-Gebiet sahen die *Dughuilang* eine wichtige Aufgabe darin, den

Buddhismus und den Kult des Dschingis Khan zu beschützen. Im späten 19. Jahrhundert dehnte sich die Bewegung auch auf die Khalkha-mongolischen Gebiete aus.

In den innermongolischen Regionen entstand schon im 19. Jahrhundert eine von Konfuzianismus und chinesischer Literatur beeinflusste Aufklärungsbewegung, deren bedeutendster Vertreter der Adlige Injannashi (1837–1892) war. Seine literarischen wie wissenschaftlichen Schriften hielten nicht mit Kritik an Religion und Gesellschaft zurück. In seiner berühmten *Blauen Chronik (Köke sudur)* verfolgte er das Ziel, die Geschichte der Entstehung und Konsolidierung des Reiches der Mongolen von Dschingis Khan bis zur Qing-Zeit darzustellen, gerade auch in Abgrenzung zu chinesischen Geschichtswerken, die seiner Meinung nach die Mongolen in einer «verletzenden und beschimpfenden Art» darstellten. Sein Werk ist ein Ausdruck des im 19. Jahrhundert erstarkenden mongolischen Nationalismus.

Nach 1900 etablierte sich in der südöstlichen Inneren Mongolei die von dem Qaracin-Fürsten Güngsangnorbu (1871–1931) angeführte «Neue Schulen»-Bewegung, die sich die Erziehung der Bevölkerung zum Ziel gesetzt hatte. Güngsangnorbu investierte die Erträge aus der Landverpachtung und den Minen an chinesische Bauern und Händler in die Errichtung von Schulen. Er gründete die erste Mädchenschule der Inneren Mongolei, lud japanische Lehrer ein und sandte Studenten zum Studium nach Japan. Ähnliche Reformprogramme wurden von Adligen und Beamten der benachbarten Regionen durchgeführt.

Das 19. Jahrhundert bedeutete für die mongolischen Völkerschaften eine immer stärkere außenpolitische Isolation. Konkret beschränkten sich die mongolischen Außenbeziehungen auf den Handel mit Russland, und auch dies geschah unter den wachsamen Augen der Qing. Die neue Siedlungspolitik, die die Qing zwischen 1906 und 1911 in den mongolischen Gebieten einführten und die ihre traditionelle Lebensweise immer mehr bedrohte, trieb die Mongolen dazu, Russland um Hilfe zu bitten. Dieses zögerte zunächst noch, und erst der Sturz der Qing-Dynastie 1911 und das dadurch entstehende Machtvakuum ließen das Zarenreich aktiv werden. Nach dem Sturz der Qing verkündete der 8. Jebtsundampa Khutukhtu am 29. Dezember 1911 die Unabhängigkeit der Mongolei. In seiner Erklärung wies er, ähnlich wie es später der 13. Dalai Lama tun sollte, darauf hin, dass die Mongolen als Verbündete in das Qing-Reich eingegliedert worden waren und ihre persönliche Loyalität dem Qing-Kaiser gegolten hätte. Diese Loyalität aber sei nicht auf die chinesische Republik übertragbar. Damit waren die Konfliktlinien, die im 20. Jahrhundert das Verhältnis zu China bestimmen sollten, vorgezeichnet.

8. Getrennte Wege (20.–21. Jahrhundert)

Die wachsenden ökonomischen und politischen Probleme, denen sich das Qing-Reich im 19. Jahrhundert ausgesetzt sah und auf die es nur unzureichend reagierte, sowie der steigende äußere Druck vor allem durch die Briten brachten das Reich 1911 schließlich zum Zusammenbruch. Mit der Abdankung des letzten Qing-Kaisers schlug die Stunde der lokalen Machthaber. In einigen innermongolischen Regionen gab es durch die *Dughuilang*-Bewegung die Voraussetzungen für organisierte politische Aktivitäten, und in den Khalkha-mongolischen Gebieten stellte der Jebtsundampa Khutukhtu eine von allen Khalkha respektierte zentrale Institution dar, die nach dem Ende des Qing-Reiches das entstehende Vakuum füllen konnte.

Die Khalkha-Mongolen auf dem Weg in die Unabhängigkeit Im Dezember 1911 erhoben die «äußeren» Mongolen den 8. Jebtsundampa Khutukhtu zu ihrem Staatsoberhaupt. Er wählte nach chinesischer Tradition die Regierungsdevise *Olan-a ergügdegsen*, «von vielen erhoben». Mit ihr stellte sich der neue Staat in eine buddhistische und zugleich einheimisch-mongolische Tradition: *Olan-a ergügdegsen* hieß der erste mythische indische Herrscher, auf den die mongolischen buddhistischen

Chroniken seit dem 17. Jahrhundert das Herrschergeschlecht Dschingis Khans zurückführten. Zugleich stammten die ersten beiden Wiedergeburten des Jebtsundampa Khutukhtus in direkter Linie von Dschingis Khan ab. So war das erste Staatsoberhaupt der unabhängigen Mongolei doppelt legitimiert, durch eine symbolische dschingisidische Erbfolge und durch buddhistische Autorität. In seiner Person verkörperte er die «beiden Ordnungen» von Religion und Staat.

Russland sah in der Unabhängigkeitserklärung der äußeren Mongolei die Chance, einen militärischen Puffer zu China zu etablieren, und schloss 1912 mit der neuen mongolischen Regierung ein Abkommen, in dem es die «Autonomie» der Mongolei bestätigte und garantierte. Die neue chinesische Regierung hatte jedoch den Anspruch auf die «äußeren» mongolischen Gebiete nicht aufgegeben und protestierte scharf. 1915 einigten sich schließlich Russland und China, die Autonomie der Äußeren Mongolei, allerdings unter chinesischer Oberherrschaft, anzuerkennen. Die Innere Mongolei blieb in chinesischer Hand. Im Vertrag von Kiakhta, der von Russland, China und der Mongolei geschlossen wurde, wurde zudem festgelegt, dass die Mongolen nicht allein über territoriale Fragen entscheiden durften. Die Verbindung mit Russland führte zu einer Reihe von Neuerungen, von denen die politisch wichtigste der Aufbau einer modernen Armee war. Die medizinische Versorgung der Bevölkerung wurde durch die in den russischen Konsulaten praktizierenden Ärzte verbessert, eine Mittelschule wurde eingerichtet, die erste mongolische Zeitung erschien, und in der Landwirtschaft erfuhr der Ackerbau besondere Förderung. An den Sozialstrukturen änderte sich allerdings nichts.

Das Abkommen von 1915 wurde nur zwei Jahre später, nach der Russischen Revolution, hinfällig. Da Russland nicht mehr als Schutzmacht fungierte, besetzte China im Oktober 1919 mit einem großen Truppenkontingent die Hauptstadt Küriye und zwang die Mongolen zur Aufgabe ihrer Autonomie. Die anschließenden Verhaftungen und Repressalien führten auf mongolischer Seite zur Formierung von Widerstandsgruppen und der Bildung politischer Parteien. Die politischen Gruppierungen

verfolgten teilweise divergierende Ziele: Während sie sich alle
für die Unabhängigkeit der Mongolei und die Befreiung von
der chinesischen Besatzung einsetzten, war eine Gruppe auf
Revolution ausgerichtet und hielt engen Kontakt mit in Küriye
ansässigen russischen Anhängern der russischen Revolution.
Die andere Gruppe war nationalistisch und orientierte sich am
Jebtsundampa Khutukhtu und seiner Regierung. Als 1920 der
russische Bürgerkrieg zu den äußeren Mongolen getragen
wurde, spitzten sich die Ereignisse rasch zu. Der ehemalige zaris-
tische Offizier Baron von Ungern-Sternberg war in die Mongolei
vorgerückt und eroberte im Februar 1921 Küriye. Dieser «Be-
freier» zeichnete sich durch besondere Brutalität aus, und seine
kurze Herrschaft war geprägt von Gewaltexzessen und Willkür.
Nun griff die Sowjetregierung ein. Als sie von den Mongolen
um militärische Hilfe gebeten wurde, entsandte sie umgehend
eine Armee, die Ungern-Sternbergs Truppen in kürzester Zeit
vernichtete und Küriye von seiner Herrschaft befreite. Schon
Monate vorher hatten sich Partisaneneinheiten im Land for-
miert, und im März 1921 hatte eine kleine Partisaneneinheit unter der Führung des späteren Kriegsministers Sükhbaatar (1893–
1923) die Stadt Kiakhta von den Chinesen zurückerobert. Nach
der Einnahme von Küriye wurde eine provisorische Volksregie-
rung ausgerufen, deren nominelles Oberhaupt der Jebtsundampa Khutukhtu bis zu seinem Tod im Mai 1924 blieb. In der
Regierung waren die Revolutionäre dominant. Eine Reihe von
Reformen wurde eingeführt, die alle darauf abzielten, die sozialen Hierarchien zu verändern sowie eine strikte Trennung von
Staat und Religion einzuführen. Die Sowjetunion schloss zwar
nur zehn Tage nach dem Tod des Jebtsundampa Khutukhtu ein
Abkommen mit China, in dem sie die Äußere Mongolei als inte-
gralen Bestandteil Chinas anerkannte, tatsächlich aber strebte
sie die Unabhängigkeit des Landes an, allerdings unter sowjetischer politischer Kontrolle. Im November 1924 wurde die
Mongolische Volksrepublik geschaffen mit einer neuen, von sowjetischen Beratern geschriebenen Verfassung, die die Mongolei
als säkularen Staat bestätigte und die alten erblichen Grundbe-
sitzverhältnisse abschaffte. Die Hauptstadt wurde umbenannt

in Ulanbator, «roter Held». Eine neue Kategorie der «ausbeutenden Klassen» wurde eingeführt, die die Aristokratie, Mönche und Landpächter umfasste. In enger Verbindung mit der Kommunistischen Internationale (Komintern) entstand in kurzer Zeit eine mongolische kommunistische Elite, die von Moskau abhängig war.

Die Mongolische Volksrepublik   Die Mongolische Volksrepublik (MVR), *Bügd Nairamdakh Mongol Ard Uls (BNMAU)*, war nach der Sowjetunion der erste Staat, der den Marxismus-Leninismus zur staatstragenden Ideologie machte. Die Revolution blieb in den ersten Jahren jedoch als ein städtisches Phänomen auf die Hauptstadt beschränkt, während die Nomaden auf dem Land und die Adligen eher skeptisch waren. Der Skepsis wurde durch die Errichtung von Schulen und durch ökonomische Anreize, die wachsenden Wohlstand brachten, entgegengewirkt. Wurden bisher chinesische Zahlungsmittel benutzt, so führte die Regierung 1925 eine neue nationale Währung, den *Tugrug*, ein. In der Folge verließen viele Chinesen das Land. Ab 1928 begann in Verbindung mit Stalins Kollektivierungsbewegung in der Sowjetunion eine Zeit radikal-sozialistischer Reformen, die zu massivem Widerstand in einzelnen mongolischen Regionen führte. Der gesamte Adel und reiche Viehzüchter wurden enteignet. Gegen Klöster und Mönche wurde vorgegangen, und die klostereigenen Viehherden wurden drastisch reduziert. Eine Propagandakampagne gegen «Klassenfeinde» setzte ein. Die Zwangskollektivierung der Viehherden führte zu einer wirtschaftlichen Katastrophe. Der Viehbestand sank rapide, von 24 Millionen 1930 auf nur noch 16,2 Millionen 1932. Die vier *Ayimagh* wurden aufgelöst, die Banner ganz abgeschafft, und an ihre Stelle traten ab 1940 achtzehn Provinzen (ebenfalls *Ayimagh* genannt) und als kleinere Verwaltungseinheit die *Sum* (Landkreise), von denen es über vierhundert gab. Die kleinsten Verwaltungseinheiten waren die *Bag* (Kommunen), die später in den landwirtschaftlichen Genossenschaften (*negdel*) aufgingen.

Die Reaktion auf die Kollektivierungspolitik waren Volksaufstände, die oft von Mönchen angeführt wurden. Sie wurden

durch sowjetische und mongolische Truppen brutal niedergeschlagen. Etwa zehn Prozent der Bevölkerung sollen in diesen
Jahren in die Innere Mongolei und nach Xinjiang geflohen sein.

Formal war die MVR eine demokratische Republik, in der
regelmäßige Wahlen zur Bestimmung der politischen Führung
abgehalten wurden. Es gab eine Partei, die Mongolische Volksrevolutionäre Partei (MVRP). Theoretisch bildeten die (meistens)
zehn Mitglieder des Politbüros die höchste politische Autorität im
Land, aber tatsächlich herrschte oft eine einzelne Führungsper-
son. In den dreißiger Jahren wurde durch eine zunehmend radika-
lisierte Politik ein staatliches Terrorregime installiert. Marschall
Chojbalsan (1895–1952), einer der Revolutionäre der ersten
Stunde, wurde von Stalin als Statthalter aufgebaut. 1937 gründete er nach sowjetischem Vorbild eine Kommission, die im
Schnellverfahren «Konterrevolutionäre» aburteilte. In den Jahren der «Großen Säuberung», zwischen 1937 und 1939, fielen
Zehntausende dem Staatsterror zum Opfer. In diesen Jahren
säuberte Chojbalsan auch die eigene Partei von sogenannten
«Klassenfeinden» und Konterrevolutionären. Fast die gesamte
neue mongolische Elite wurde vernichtet.

Eine besondere Zielscheibe des Terrors bildete der buddhistische Klerus. Laut seinen eigenen Aufzeichnungen ließ Chojbalsan mehr als 20 000 Mönche ermorden. Von den über 700 Klöstern und Tempeln wurden fast alle systematisch zerstört, Statuen
aus Kupfer, Messing und Gold eingeschmolzen und teilweise der
sowjetischen Kriegsindustrie zur Verfügung gestellt. Auch die
Klosterbibliotheken mit ihrem reichen tibetischen und mongolischen Schrifttum wurden größtenteils vernichtet. 1943 tadelte
Stalin Chojbalsan für die Zerstörung der Klöster und befahl
ihm, einige von ihnen wieder instandzusetzen. Daraufhin wurde
1944 Gandantegchinlin in Ulanbator wieder geöffnet. Es blieb
bis 1990 das einzige funktionierende Kloster, stand allerdings
unter strikter staatlicher Kontrolle.

Nicht nur die Ermordung großer Teile des buddhistischen
Klerus, sondern auch die Reform der Schrift führte dazu, dass
die Mongolen von ihrem kulturellen Erbe abgeschnitten wurden, da sie ihre eigenen Bücher nicht mehr lesen konnten. 1932

war kurzfristig die lateinische Schrift eingeführt worden, die jedoch 1941 zugunsten einer modifizierten kyrillischen Schrift wieder aufgegeben wurde. Die alte uiguro-mongolische Schrift geriet in Vergessenheit, so dass 1990 nur noch wenige Mongolen sie beherrschten. In der Inneren Mongolei hingegen behielt man, nach kurzen Experimenten mit der kyrillischen Schrift zwischen 1935 und 1938, die uiguro-mongolische Schrift bei.

Der Status quo der Mongolischen Volksrepublik wurde erst auf der Konferenz von Jalta 1945 durch die USA und Großbritannien auf Druck Stalins anerkannt. Schließlich war auch die nationalchinesische Regierung gezwungen, die Mongolei völkerrechtlich anzuerkennen, und die Volksrepublik China zog 1949 nach. Zum ersten Mal tauschten China und die Mongolei Botschafter aus. In den nächsten Jahrzehnten wurde die MVR in den kommunistischen Block integriert, 1961 wurde sie Mitglied der Vereinten Nationen. Die Mitgliedschaft öffnete den Weg zur Aufnahme diplomatischer Beziehungen mit England, Frankreich und anderen westeuropäischen Ländern. Die Außenpolitik blieb jedoch abhängig von der Sowjetunion.

Nach der «Großen Säuberung» regierte Chojbalsan bis zu seinem Tod 1952 als Diktator das Land. Das Amt des Generalsekretärs wurde seinem designierten Nachfolger, Yumjaagiin Tsedenbal (1916–1991), übertragen. Bis 1964 wurde die MVR durch das Politbüro mit Tsedenbal als «primus inter pares» regiert, dann jedoch gelang es ihm, seine politischen Rivalen auszuschalten und erneut eine Ein-Mann-Diktatur zu errichten. 1984 wurde Tsedenbal durch sowjetische Intervention abgelöst und Jambyn Batmönkh (geb. 1926) installiert, der im Zentralkomitee bis zur Demokratischen Revolution 1990 eine völlig überalterte Oligarchie (die Hälfte der Mitglieder war 1990 jenseits des Pensionsalters, und ein Drittel seit 1965 ununterbrochen im Amt) präsidierte.

1948 begann die MVR mit der Einführung von Fünf-Jahres-Plänen nach sowjetischem Muster. Bis 1959 war die Kollektivierung der Weideviehhaltung in den ländlichen Regionen abgeschlossen, und in den frühen sechziger Jahren wurde die Landwirtschaft modernisiert. Darüber hinaus wurde die Industrialisierung des Landes, die schon 1934 in Ulanbator begonnen hatte, forciert. In den siebziger Jahren kam der Bergbau (u. a. Kupferkonzentrat, Uran, Fluorspar-Konzentrat, Gold) als weiterer wichtiger Wirtschaftszweig hinzu. 1988 bildeten Bergbauprodukte 40 Prozent des Exportvolumens. Die Verbesserung der Verkehrs-Infrastruktur durch den Bau von Eisenbahn, Strassen und Flughäfen hatte schon 1949 zur Abschaffung des traditionellen Postsystems geführt. Arbeiteten 1960 noch 69,9 Prozent der Bevölkerung in der Weideviehhaltung und Landwirtschaft, waren es 1990 nur noch 39 Prozent.

Die mongolische Wirtschaft war stark von sowjetischer und europäischer Hilfe abhängig. Bei der Sowjetunion war die MVR hoch verschuldet. Zwei Drittel der sowjetischen Anleihen flossen in Landwirtschaft, Energieversorgung, Infrastruktur, Bauwirtschaft, Gesundheitswesen sowie Wissenschaft und Kultur; ein Drittel wurde benutzt, um das massive Handelsungleichgewicht zwischen der MVR und der Sowjetunion abzudecken.

Mit den wirtschaftlichen Veränderungen gingen soziale Umbrüche einher. Nach dem Zweiten Weltkrieg kam es zu einem massiven Bevölkerungswachstum, ausgelöst durch verbesserte Lebensbedingungen und aktive Geburtenförderung durch den Staat. Wurden im Zensus von 1944 in der MVR 759 200 Menschen gezählt, waren es 1989 insgesamt 2 044 000. Zugleich setzte eine starke Urbanisierung ein. Zwischen 1956 und 1989 stieg die städtische Bevölkerung von 21,6 Prozent auf 57 Prozent. Betraf dieser Anstieg zuerst nur Ulanbator, zogen später die neu gegründeten Industriestädte Darkhan und Erdenet nach. Heute leben 85 Prozent der Bevölkerung in städtischen Siedlungen. Nach der Volkszählung von 2010 leben von circa 2 650 000 Bürgern ungefähr 1 135 000 allein in Ulanbator.

Während in der Inneren Mongolei und in den burjatmongolischen Gebieten, die zur Sowjetunion beziehungsweise nach 1992 zur Russischen Föderation gehören, das Mongolische durch die Dominanz des Chinesischen respektive des Russischen massiv bedroht ist, war die Sprachsituation in der MVR von Beginn an anders. Hier war das Mongolische in seiner Khalkha-Variante unbestrittene Staats- und Alltagssprache. Die Bildungspolitik stellte sicher, dass die Alphabetisierungsrate von 24 Prozent im Jahr 1940 auf beeindruckende 95 Prozent im Jahr 1956 hochschnellte, insbesondere auch durch eine Förderung der Frauen und Mädchen. Die Einführung der kyrillischen Schrift führte zur Europäisierung des gesamten kulturellen Lebens, das sich an den bekannten sozialistischen Stereotypen orientierte. Der Staat übte durch die Medien uneingeschränkte Kontrolle über das kulturelle Leben aus. Mongolische kulturelle Topoi unterlagen einer strikten Zensur. Dies betraf insbesondere Aspekte, die verdächtigt wurden, der Ausbildung einer distinkten nationalen Identität Vorschub zu leisten. Hier stand an erster Stelle Dschingis Khan unter Verdacht, der sich im 20. Jahrhundert in der öffentlichen Wahrnehmung vom göttlichen Ahnherrn und Kulturheros zum militärischen Eroberer und Helden gewandelt hatte. Die Sowjetunion attackierte Dschingis Khan als reaktionären Feudalherrn. Der sowjetischen Linie folgend, griff das Politbüro der MVR ab 1949 Dschingis Khan und den Epenhelden Geser Khan als «nationale Symbole» an. Im Rahmen der sogenannten Dschingis-Khan-Kontroverse gerieten auch bekannte Wissenschaftler unter Druck, wenn sie über Dschingis Khan Forschung betrieben. Die starke Einflussnahme auf die wissenschaftliche Forschung lockerte sich erst ab 1986, als im Zuge von *perestrojka* und *glasnost* eine neue Periode der «Offenheit» begann.

Bis in die achtziger Jahre waren die Beziehungen zwischen der Volksrepublik China und der MVR belastet, zum einen durch die angespannten sowjetisch-chinesischen Beziehungen, zum anderen durch die immer noch vorhandenen Ansprüche Chinas auf die mongolischen Gebiete. Erst mit dem Besuch Gorbatschows in China 1989 normalisierten sich die Beziehungen zwischen der Mongolei und China. 1987 begann der Truppenabzug der rund 100 000 Mann starken sowjetischen Armee. 1992 waren die letzten russischen Truppen aus dem Land verschwunden.

Heute sind die Beziehungen zwischen der Mongolei und China entspannt. Der Premier des Staatsrats der VR China, Wen Jiabao, weilte im Juni 2010 auf Staatsbesuch in der Mongolei. Während dieses ersten Staatsbesuchs eines chinesischen Premiers seit sechzehn Jahren wurde eine engere Zusammenarbeit beider Länder beschlossen. China sagte der Mongolei fünfzig Millionen Yuan für die wirtschaftliche und zehn Millionen Yuan für die militärische Entwicklung zu.

Der demokratische Umbruch Gegen Ende des Jahres 1989 traten die ersten Oppositionsbewegungen in der MVR in Erscheinung, die sich gegen die Einheitspartei und den Politikapparat wandten. Im Dezember 1989 fand die erste öffentliche Demonstration in Ulanbator statt, und die Mongolische Demokratische Union wurde ins Leben gerufen. Aus ihr entstand 1990 die Mongolische Demokratische Partei (MDP). Vom 7. bis zum 9. März 1990 begannen zehn Mitglieder der MDP einen öffentlichen Hungerstreik in Ulanbator, um das Politbüro zur Abdankung zu zwingen. In einer außerordentlichen Plenarsitzung traten daraufhin sämtliche Mitglieder des Politbüros zurück. Die Volksrevolutionäre Partei gab ihren in der Verfassung verankerten Alleinvertretungsanspruch auf und machte so den Weg frei für eine demokratische Erneuerung der Mongolei. Diese Transformation fand völlig gewaltfrei statt.

Am 29. Juli 1990 wurden die ersten demokratischen Wahlen abgehalten, bei denen sich sechs Parteien zur Wahl stellten. Die altbekannte Mongolische Volksrevolutionäre Partei ging als unbestrittene Siegerin aus den Wahlen hervor und stellte den Ministerpräsidenten Ochirbat. Im Januar 1992 wurde eine neue Verfassung verabschiedet, und der Name des Landes in *Mongol uls*, «Mongolei», geändert. Die alte Staatsflagge und das Staatswappen wurden ausgetauscht. Auch in den folgenden Wahlen 1992 gewann die MVRP. Daraufhin schlossen sich die kleineren Parteien zu einem Block zusammen, der Mongolischen Nationalen Demokratischen Partei (MNDP). Seither ist es bei Wahlen immer wieder zu Wechseln der regierenden Partei gekommen, obwohl die MVRP, die sich im September 2010 in «Mongolische Volkspartei» (MVP) umbenannt hat, immer noch die mächtigste Partei im Land ist. Die wirtschaftliche Entwicklung des Landes bildet stets das politische «Zünglein an der Waage». Auf der Skala zwischen staatsgelenkter Wirtschaft und freier Marktwirtschaft stehen die Demokraten für marktwirtschaftlichen Liberalismus, während die MVP konservativere wirtschaftliche Konzepte bevorzugt. Der Übergang zur Marktwirtschaft war durch schwere wirtschaftliche Krisen geprägt. In der sozialistischen Ära war die Sowjetunion der wichtigste Handelspartner der Mongolei und auch der zuverlässigste Investor in die mongolische Wirtschaft gewesen. Die Wirtschaftsbeziehungen brachen nach 1990 infolge des Zusammenbruchs der Sowjetunion weg. Die neue mongolische Regierung leitete daraufhin eine umfassende Reprivatisierung der staatlichen Unternehmen und der Landwirtschaft ein. Schon 1992 waren die Viehbestände in den landwirtschaftlichen Genossenschaften privatisiert. Die Wirtschaft erholte sich bis zum Jahr 2000 langsam.

Heute steht die Mongolei vor großen wirtschaftlichen Herausforderungen. Mehr als ein Drittel der Bevölkerung lebt unterhalb der Armutsgrenze. Dies betrifft besonders die Viehhalterfamilien, von denen fast die Hälfte landesweit arm ist. In den letzten Jahren waren sie in den Wintermonaten gehäuft von Naturkatastrophen betroffen. Heftige Schneefälle führten wiederholt zu einem Massensterben des Viehs. So starben in den Wintern 1999 bis 2002 elf Millionen Tiere. Auch der Winter 2009/10 war überdurchschnittlich kalt, und 90 Prozent des Landes waren bis zu 50 Zentimeter mit Schnee bedeckt. In den Sommermonaten 2009 waren 70 Prozent des Territoriums der Mongolei von Dürre und Trockenheit betroffen. Bei 164 000 Viehhalterfamilien mit einem Viehbestand von 35,7 Millionen kommt das Problem der Überweidung hinzu.

Die Innere Mongolei Die innermongolischen Regionen waren an der Wende zum 20. Jahrhundert generell Qing-freundlicher eingestellt als die äußeren Mongolen, und die meisten innermongolischen Banner unterstützten die chinesische republikanische Revolution nicht. Nach der Abdankung des letzten Qing-Kaisers am 12. Februar 1912 versicherte die neue republikanische Regierung den Fürsten der innermongolischen Banner, dass ihre Privilegien unangetastet blieben. Zur gleichen Zeit jedoch entsandte sie Truppen an strategische Orte in der Inneren Mongolei. Der chinesische Anspruch auf die mongolischen Gebiete und die Tatsache, dass die neue Republik ethnisch chinesisch geprägt war, brachte die Mehrzahl der innermongolischen Banner schließlich doch dazu, die Regierung des Jebtsundampa Khutukhtu zu unterstützen. Als jedoch die Regierung in Küriye versuchte, die Chinesen mit Waffengewalt aus der Inneren Mongolei zu vertreiben, musste sie auf Druck der Russen ihre pan-mongolische Politik aufgeben.

Die neue chinesische Regierung begann, die innermongolischen Gebiete administrativ neu zu ordnen. Basierte die Verwaltung noch 1912 auf ethnischer Zugehörigkeit mit den Mongolen in Bannern unter dschingisidischen Regenten und den chinesischen Siedlern in Provinzen, wurde die Innere Mongolei 1914 in drei «Sonderregionen» eingeteilt, die von Militärgouverneuren regiert wurden. Als sich nach dem Tod des ersten republikanischen Präsidenten seine Generäle in den sogenannten «Warlord»-Fraktionen formierten, schlossen sich die Militärgouverneure ihnen an. Die von ihnen forcierte stärkere chinesische Kolonisierung in diesen Jahren führte zu vermehrtem Widerstand der *Dughuilang*-Bewegung im Ordos-Gebiet und zu Volksaufständen in anderen betroffenen Regionen.

Die Revolution 1921 in der Khalkha-Mongolei gab der pan-mongolischen Bewegung neuen Aufschwung. Viele innermongolische Intellektuelle und Politiker sahen in ihr einen Hoffnungsträger auch für die Innere Mongolei. Kleinere Gruppen unterstützten aber auch die chinesischen Nationalisten und die Kommunisten, die sich beide für die Autonomie der chinesischen Grenzregionen und ethnischen Gruppen einsetzten. Ab 1925 erhielt die Innermongolische Revolutionäre Partei, die von der MVR finanziert und bewaffnet wurde, massive militärische und logistische Unterstützung von der Sowjetunion; trotzdem gelang es nicht, eine Revolution anzustoßen. In den zwanziger Jahren begannen mongolische Nationalisten in der Inneren Mongolei mit der Ausformulierung einer neuen, säkularen mongolischen Kultur, die in Dschingis Khan ihre wichtigste Identifikationsfigur fand.

Mit dem Sieg der Guomindang 1928 nahm China Abstand

von der Autonomie der Grenzregionen und forcierte erneut die Kolonisierung der innermongolischen Gebiete. Den Mongolen gelang es nicht, eine einheitliche Gegenbewegung zu etablieren, stattdessen engagierten sich verschiedene Gruppen für unterschiedliche Ziele. Die Zersplitterung in einzelne politische Fraktionen und die soziale Desintegration führten zu einem politischen Vakuum, das es den japanischen Invasoren in der östlichen Inneren Mongolei ab 1931 leicht machte, die mongolischen politischen Führer für sich zu gewinnen. 1933 bis 1935 benutzte der konservative Adlige Demchugdongrub die japanische Bedrohung zur Formierung einer mongolischen Unabhängigkeitsbewegung, aber die lokalen Militärgouverneure wandten sich gegen die Bewegung, da sie ihre eigenen Machtpositionen in Gefahr sahen. Diese Haltung trieb die Mongolen geradezu in die Arme der Japaner. 1936 akzeptierte Demchugdongrub japanische Waffenhilfe. Bis zur japanischen Invasion Chinas 1937 blieb die Region jedoch den chinesischen Warlords ausgeliefert.

Die japanische Okkupation verschaffte der Inneren Mongolei sowohl politische Stabilität als auch einen großen Teil der Autonomie und der Reformen, für die die mongolischen Nationalisten seit Jahrzehnten gekämpft hatten. Die chinesische Kolonisierung wurde sofort gestoppt, im Erziehungswesen wurden Mongolisch und Japanisch dominant, und in den traditionell überwiegend mongolischen Regionen waren mongolische Verwaltungsbeamte tätig. In dem neuen Staat Mandschukuo, regiert von dem Marionetten-Herrscher Puyi, dem letzten Qing-Kaiser, wurden die mongolischen Gebiete in vier autonome Provinzen unterteilt. Eine Reihe von mongolischen Nationalisten machte unter den Japanern Karriere. Es kam zu einer kulturellen Blüte, da die Japaner die Schulbildung massiv unterstützten und begannen, vor-revolutionäre mongolische Klassiker wie die Schriften von Injannashi sowie Zeitungen zu drucken, die auch neuere mongolische Literatur publizierten. Trotzdem war die japanische Herrschaft in anderen Aspekten repressiv, insbesondere aufgrund der Arroganz der Besatzungskräfte, die die mongolische Führung oft zu Marionetten der Japaner degradierte.

Die innermongolischen Regionen litten besonders stark unter

dem chinesischen Bürgerkrieg in den vierziger Jahren. Die Bevölkerung ging durch sowjetische Einfälle in die Region, Plünderungen, wiederholte Ausbrüche der Pest und Gefechte zwischen den verschiedenen verfeindeten Armeen drastisch zurück. Ende des Zweiten Weltkriegs erfolgte eine gemeinsame mongolisch-russische Invasion der Inneren Mongolei, die die japanische Okkupation abrupt beendete. Obwohl es zu Massakern an buddhistischen Mönchen, der Konfiszierung von Vieh und Plünderungen durch sowjetische Soldaten kam, wurde die Invasion von den mongolischen Nationalisten begrüßt. Die Idee einer pan-mongolischen Vereinigung der inneren und äußeren Mongolen war wieder in greifbare Nähe gerückt. Diese Hoffnung wurde jedoch durch sino-sowjetische Abkommen schnell zunichte gemacht. In der Folge gelang es den chinesischen Kommunisten, mongolische Nationalisten für sich zu kooptieren und in eine von dem Tümed-Mongolen Ulanfu (1906–1988) angeführte kommunistische Organisation zu überführen. Am 1. Mai 1947 wurde eine neue innermongolische Regierung für die Khinggan-Region, Shilin Gol und Caqar ausgerufen; Ulanfu wurde Premierminister dieser auf den ersten Blick autonomen Regierung, die ihre eigene Fahne und Währung hatte. 1949 gelang es den Kommunisten, die gesamte Innere Mongolei unter ihre Kontrolle zu bringen. Der Hauptgrund für diesen Erfolg lässt sich im anhaltenden Widerstand der chinesischen Nationalisten gegen eine mongolische Autonomie ausmachen. Die Kommunisten spielten die nationale Karte geschickt aus und versprachen Autonomie, die die Mongolen in der Regierung von Ulanfu auch verwirklicht sahen. Nach der kommunistischen Machtübernahme änderte sich dies jedoch abrupt. Am 3. Dezember 1949 wurde die frühere Innermongolische Autonome Regierung aufgelöst; an ihre Stelle trat die Innermongolische Autonome Region mit einer Lokalregierung unter Ulanfu. In den ersten Jahren nach der kommunistischen Machtübernahme wurden Säuberungsaktionen gegen «Konterrevolutionäre», meistens die früheren Eliten, durchgeführt. Zwischen 1954 und 1956 erhielt die Innermongolische Autonome Region einen beträchtlichen Gebietszuwachs durch die Inkorporation der südwestlichen Banner der östlichen Inneren Mongolei.

Dadurch sank die Rate der Mongolen in der Autonomen Region von 35 Prozent auf nurmehr 12, was zu ethnischen Spannungen führte. Als neue Hauptstadt wurde die von Altan Khan im 16. Jahrhundert gegründete Stadt Hohot (Kökeqota) gewählt.

In den fünfziger Jahren des 20. Jahrhunderts wuchs die Bevölkerung der Inneren Mongolei wieder an, und auch der Viehbestand erholte sich. Zwischen 1956 und 1958 wurden Land und Weidevieh kollektiviert, was zwar einen neuerlichen Einbruch des Viehbestands zur Folge hatte, aber keine Hungersnöte provozierte, wie dies in der Mongolischen Volksrepublik der Fall gewesen war. Die Mongolen wurden sesshaft gemacht, obwohl sie sich weiterhin oft zwischen Sommer- und Winterresidenz bewegen durften. Strikt limitiert wurde der private Viehbestand, und das Einkommen wurde stärker an die Viehherden gebunden, die kommunaler Besitz waren.

Ab 1947 hatte die Regierung die Kolonisierungspolitik ihrer Vorgänger wieder aufgenommen, allerdings mit anderen Mitteln. Anstatt die Weidegebiete einfach für Besiedlung und Ackerbau freizugeben, errichtete man neue Städte südlich der Grenze in der Steppe, die zu Zentren der Verwaltung oder der Industrie wurden und chinesische Migranten anzogen. Der Anteil der mongolischen Bevölkerung in der Grenzregion fiel in der Folge von 14,8 Prozent (1947) auf 11,2 im Jahr 1964.

In den fünfziger Jahren wurden auch Anstrengungen im Erziehungs- und Bildungswesen unternommen. Neben der Gründung neuer mongolischer Primarschulen öffnete 1957 die Innermongolische Universität in Hohot ihre Tore. Trotzdem kam es immer wieder zu ethnischen Spannungen zwischen Chinesen und Mongolen in der Region. Ab 1958 erfolgte eine Änderung der Besiedlungspolitik. Im Rahmen von Mao Zedongs «Großer Sprung nach vorn»-Initiative wurde plötzlich wieder die Kolonisierung der Steppe durch Ackerbau gefördert, was zu einer Massenimmigration von knapp zwei Millionen chinesischen Siedlern in die Innere Mongolei führte. Von ihnen kehrte ein knappes Drittel zwei Jahre später wieder nach China zurück. Die Umwandlung der Steppe in Ackerland hatte sich allzu oft als nicht erfolgreich erwiesen.

Das kommunistische China versuchte, die Mongolen durch den Kult des Dschingis Khan für sich zu gewinnen. Es hatte im Gegensatz zur MVR schon früh das Integrationspotential des Mongolenherrschers erkannt. In *Ejen Qoro* erfuhr der Ahnherr der Mongolen eine Verehrung, die dem Ahnenkult der chinesischen Kaiser entsprach. Der kommunistische Staat beschwor in ihm die Einheit der verschiedenen Nationalitäten, wie an der von Mao Zedong persönlich verfassten Inschrift auf einer Votivfahne aus dem Jahr 1952 deutlich wird: «Dargebracht dem Dschingis Khan. Mögen alle Nationalitäten der Volksrepublik eine Einheit bilden!» Dschingis Khan wurde als der Begründer der Yuan-Dynastie betrachtet, die in der Volksrepublik als chinesische Dynastie gilt.

Die Kulturrevolution (1966–1976) führte in den innermongolischen Regionen zu einer Massenverfolgung von Mongolen. Wie in anderen Landesteilen wurden frühere Landbesitzer, buddhistische Mönche, Intellektuelle, aber auch Mongolen, die während der japanischen Besatzung mit den Japanern zusammengearbeitet hatten, unterdrückt. Viele Kulturgüter fielen der Zerstörungswut der Roten Garden zum Opfer. Das Mausoleum in Ejen Qoro und der Dschingis-Khan-Tempel in Ulanhot wurden zerstört, und Mongolen wurden wegen ihrer Verehrung des Mongolenherrschers verfolgt. Mongolischsprachige Publikationen erschienen zwar weiterhin, ihr Inhalt war jedoch rein maoistisch. Mongolischsprachige Schulen wurden vielerorts geschlossen, da sie als Zentren des ethnischen Widerstands galten. 1968 wurde der Druck durch eine geschickt lancierte Verschwörungstheorie noch einmal erhöht: Angeblich gab es eine «Neue Innermongolische Volksrevolutionäre Partei», die den Umsturz plante. Fast die gesamte mongolische gebildete Elite wurde verdächtigt, und es kam zu Massenverhaftungen, Folter und Mord. Offizielle Zahlen nennen fast 23 000 Tote und 170 000 gefolterte Personen. Die Verfolgungen währten mehr als ein Jahr, bis sie als übertrieben kritisiert wurden und der verantwortliche chinesische Militär aus der Region abgezogen wurde.

Die neue chinesische Führung versuchte ab 1979, die schlimmsten Exzesse der Kulturrevolution zu revidieren. Die

Dschingis-Khan-Kultstätten wurden wieder aufgebaut, und eine von Regierungsseite aktiv geförderte Renaissance der mongolischen Sprache und Kultur setzte ein. Obwohl an den Schulen und Universitäten heute in mongolischer Sprache unterrichtet wird, stellt sich das Sprachenproblem wie in anderen Minderheitenregionen Chinas auch in der Inneren Mongolei. Die mongolische Sprache wird vor allem in den ländlichen Regionen, wo sie auch Alltags- und Verwaltungssprache ist, an die nächste Generation weitergegeben. Aber schon in den achtziger Jahren brachte eine rein mongolische Schulbildung selbst in ländlichen Regionen der Inneren Mongolei Nachteile gegenüber einer chinesischen Ausbildung. Arbeit und Aufstiegschancen gibt es vor allem in den chinesisch dominierten Bereichen, der Industrie, der Technik oder dem Management. Es ist daher nicht verwunderlich, wenn mongolische Eltern ihre Kinder in chinesischsprachigen Schulen einschulen, weil sie sich bessere Aufstiegsmöglichkeiten für sie erhoffen. Die Folge dieses bis heute andauernden Trends ist, dass in den Städten viele Mongolen ihre Muttersprache nicht mehr fließend beherrschen.

Die chinesische Migration stellte auch nach dem Ende der Kulturrevolution ein soziales Problem dar, und 1981 kam es zu Protesten von Studierenden in Hohot. Sie forderten, die Schulen, das Land, die Verwaltung und sogar die Parteiämter in der Inneren Mongolei an erster Stelle für Mongolen freizuhalten. Die Proteste waren erfolglos. Seit 1982 haben dann die wirtschaftliche und kulturelle Liberalisierung sowie die harte Unterdrückung jedes ethnisch motivierten Protests solche Demonstrationen erfolgreich unterbunden. Nach dem demokratischen Umbruch 1990 in der Äußeren Mongolei, die der nationalistischen Untergrundbewegung in der Inneren Mongolei Auftrieb gegeben hatte, ging die Polizei besonders hart gegen nationalistische Tendenzen vor. Auch heute kommt es periodisch immer wieder zu Verhaftungen, und Zensur von liberaler und nationalistischer Literatur ist weit verbreitet.

Seit dem Jahr 2000 verfolgt China eine Politik der «ökologischen Migration», in der aus Umweltgründen ländliche Bevölkerungsgruppen aus ökologisch bedrohten Gebieten umgesiedelt werden. Die Innere Mongolei ist davon besonders betroffen, weil die nomadische Weidewirtschaft für die fortschreitende Versandung der Region verantwortlich gemacht wird. Ziel ist, die traditionelle nomadische Weideviehhaltung völlig aufzulösen. Die Umsetzung dieser Politik bedeutet das Ende der traditionellen Lebensweise der Mongolen in den ländlichen Regionen der Inneren Mongolei.

Das «Volk des Dschingis Khan» heute

In der postkommunistischen Mongolei haben traditionelle Werte Hochkonjunktur, und diese kreisen um Dschingis Khan. Sofort nach dem demokratischen Umbruch fand in Ulanbator ein internationaler Kongress zum 750. Jahrestag der Abfassung der *Geheimen Geschichte* statt, der ganz im Zeichen Dschingis Khans stand. Auf der Buchausstellung, die das Ereignis begleitete, waren auch die Innermongolische Autonome Region sowie die Burjatische und Kalmückische Autonome Sozialistische Sowjetrepublik vertreten. Seither reißen die Anlässe, Dschingis Khan zu ehren, nicht ab. 2002 wurde sein 840. Geburtstag begangen, 2006 der 800. Jahrestag seiner Wahl zum Großkhan der Mongolen. Im kollektiven Gedächtnis der Mongolen erlebt Dschingis Khan seine Transformation vom Eroberer zum demokratischen Staatsmann. In einer Umfrage aus dem Jahr 1998 gab die Mehrheit der Befragten an, demokratische Grundwerte seien keine «westlichen» Errungenschaften, sondern genuin mongolische, von Dschingis Khan eingeführte Werte.

Anhand der Dschingis-Khan-Verehrung zeigen sich jedoch auch desintegrierende Tendenzen. In der Innermongolischen Autonomen Region bezieht das Mausoleum des Dschingis Khan im Ordos-Gebiet in der Symbolik der Schreine seiner vier Söhne, unter denen das Weltreich aufgeteilt wurde, sämtliche Mongolen ein. Anders sieht es in der Mongolei aus. An der Gründungszeremonie für das neue Dschingis-Khan-Mausoleum in Ulanbator 1992 wurde ein *Obo* aus Steinen aller Gegenden der Khalkha-Mongolei errichtet, und es wehten Fahnen aus den vier Khalkha-Territorien der Qing-Zeit. Symbole, die die Präsenz der inneren Mongolen markiert hätten, fehlten hingegen. Der Anspruch der Mongolei, das Mutterland *(ekh oron)* der Mongolen zu sein, führt zu Ausgrenzungstendenzen gegenüber den nicht im «Stammland» lebenden Mongolen. Die «inneren» Mongolen werden von den Khalkha zuweilen als *Hyatadiin erliiz*, «chinesische Mischlinge», und die Burjaten als *Orosiin erliiz*, «russische Mischlinge», bezeichnet. Darüber hinaus wird «Mongolisch sein» in der Mongolei sehr stark durch die Khalkha bestimmt, und Mongolen, die einer anderen ethnischen Gruppe angehören, spüren Druck, sich ihnen anzupassen.

Neben Dschingis Khan erfährt der Buddhismus in der Mongolei eine Renaissance. Überall im Land sind zerstörte Klöster restauriert und neue erbaut worden. Die Zahl der Ordinationen in den Klöstern nimmt weiter zu. Beide für die mongolische Selbstwahrnehmung wichtigen Aspekte erfahren auch auf staatlicher Ebene ihre Bestätigung. So ist die Weiße Sülde, die Standarte Dschingis Khans, als wichtigstes Herrschaftssymbol der Mongolen im demokratischen Staat zu neuen Ehren gekommen. Sie stellt eines der fünf Symbole der Mongolei dar, die durch die mongolische Verfassung von 1992 festgelegt worden sind. Die Sülde steht in einem steinernen, aus Karakorum stammenden Sockel, der auf seinen Seiten das Zeichen des Doppelvajra trägt, des buddhistischen Symbols der Festigkeit und Unzerstörbarkeit. In der Weißen Sülde, die bei Staatsempfängen präsentiert wird, gehen autochthone und buddhistische Bezugspunkte mongolischer Identität eine Symbiose ein.

Neben dem Buddhismus werden auch autochthone religiöse Praktiken von staatlicher Seite gefördert. So nimmt der mongolische Präsident regelmäßig an Ritualen zur Verehrung der Berggottheiten teil.

Der Staat forciert die Rückbesinnung auf eine glorreiche Vergangenheit und geht dabei so weit, Traditionen neu zu erfinden. Kürzlich wurden die *Xiongnu*, die ein nomadisches Reich auf dem Gebiet der heutigen Mongolei gegründet hatten (209 v.

Chr. – 91 n. Chr.), per Dekret des mongolischen Präsidenten Elbegdorj zu den ersten Mongolen erklärt. Das Gründungsjahr des mongolischen Staates (*mongol uls*) wurde entsprechend auf das Jahr 209 vor unserer Zeitrechnung festgelegt. 2011 soll demgemäß das 2200-jährige Jubiläum der mongolischen Staatsgründung begangen werden.

Auch die alte mongolische Schrift erlebt ein Comeback. Sie soll wieder verstärkt im offiziellen Schriftverkehr benutzt werden. Urkunden, Zeugnisse und Diplome müssen ab 2011 in kyrillischer und uiguro-mongolischer Schrift ausgestellt werden. So will es ein Erlass aus dem Jahr 2010.

Die Bemühungen, die Frage nach dem, was einen «Mongolen» ausmacht, im Rückgriff auf eine teilweise sogar erfundene Tradition zu beantworten, sind Beleg für das Ringen um eine Positionierung zwischen den beiden großen Staaten, die das politische Schicksal der Mongolen im 20. Jahrhundert bestimmt haben. Ob die verschiedenen mongolischen Völker jenseits aller politischen und kulturellen Heterogenität erneut ein Selbstbewusstsein als *qamugh mongghol*, «alle Mongolen», entwickeln und dieses politisch umzusetzen versuchen, wird die Zukunft erweisen.

Zeittafel

1266	Verlegung der mongolischen Hauptstadt nach Beijing (mong. Daidu)
1268	Beginn der Mongolenherrschaft in Tibet
1271	Qubilai Khan gibt sich in Nordchina den Dynastie-Namen *Yuan*; Handelsabkommen zwischen Venedig und dem Il-Khanat; Abreise der Polos nach China
1274–1281	Mehrere erfolglose Feldzüge gegen Japan
1276	Eroberung von Hangzhou, der Hauptstadt des südchinesischen Song-Reiches
1279	Endgültige Eroberung des Song-Reiches
1287	Rabban Sauma wird vom Il-Khan Arghun nach Europa entsandt
1292	Die Mongolen scheitern in Java
1294	Tod Qubilai Khans
1295	Ghazan wird Il-Khan; das Il-Khanat wird muslimisch
1313–1341	Özbeg Khan wird Herrscher der Goldenen Horde; die Horde wird muslimisch
1317–1335	Herrschaft Abu Saids über das Il-Khanat; mit seinem Tod 1335 endet das Il-Khanat
1380	Schlacht zwischen Russen und Goldener Horde bei Kulikovo Pole
1336–1405	Timur (Tamerlan); er begründet das Timuridenreich in Mittelasien, eines der Nachfolgereiche des Caghatai-Reiches
1368	Vertreibung der Mongolen unter dem letzten Yuan-Herrscher Toghon Temür aus Beijing; Beginn der «Nördlichen Yuan-Dynastie» in der Mongolei
1368–1644	Ming-Dynastie in China
15. Jh.	Aufstieg der Oiraten in der Mongolei
1453	Der Oirate Esen Khan ernennt sich selbst zum Großkhan
1455	Ermordung Esen Khans
1470	Batu Möngke Dayan Khan wird Großkhan; erneute Einigung der Mongolen
1502	Ende der Mongolenherrschaft über Russland
1578	Treffen zwischen Altan Khan der Tümed-Mongolen und dem tibetisch-buddhistischen Geistlichen Sönam Gyatso; Verleihung des Titels «Dalai Lama» durch Altan Khan; Beginn der buddhistischen Missionierung der Mongolen
1586	Gründung des ersten buddhistischen Klosters Erdeni Juu bei den Khalkha-Mongolen
1589–1616	4. Dalai Lama Yöntan Gyatso: einziger Mongole unter den Dalai Lamas
1602–1607	Erste mongolische Übersetzung des tibetischen buddhistischen Kanons
1604	Ligdan Khan wird Großkhan der Mongolen
1616	Nurhaci begründet die erneuerte Jin-Dynastie
1607/08	Aufnahme der Handelsbeziehungen zwischen Russen und Oiraten

1619–1634	Militärische Konflikte zwischen Mongolen, Nurhaci und Chinesen
1626	Tod Nurhacis; Beginn der Herrschaft Hung Tayijis
1634	Tod Ligdan Khans, des letzten mongolischen Großkhans
1635	Geburt Zanabazars, des 1. Jebtsundampa Khutukhtus; die Jürchen benennen sich in «Mandschu» um
1636	Proklamation Hung Tayijis zum Kaiser von China; Gründung der neuen Dynastie «Qing»; Eingliederung der Völker der Inneren Mongolei in das neue Mandschu-Reich
1637	Beginn der Herrschaft Gushri Khans in Tibet
1644	Die Mandschus erobern Beijing; Beginn der Dynastie Qing (1644–1911)
1677	Galdan wird Herrscher der oiratischen Dzungaren
1689	Grenzvertrag von Nerchinsk zwischen Russland und Qing-China
1688–1690	Krieg der Dzungaren gegen die Khalkha-Mongolen
1691	Fürstentag von Dolonor; formelle Gefolgschaft der Khalkha-Mongolen unter den Qing
1693	Beginn der Tätigkeit der Changkya Khutukhtus, der zweiten wichtigen Wiedergeburtenreihe bei den Mongolen
1696	Feldzug des Mandschu-Kaisers Kangxi gegen Galdan
1697	Tod Galdans
1717–1720	Besetzung Tibets durch die Dzungaren
1727	Vertrag von Kiakhta zwischen Russland und dem Qing-Reich
1718–1739	Erster Dzungarenfeldzug der Qing
1754–1759	Zweiter Dzungarenfeldzug der Qing
1756/57	Revolte des Khalkha-Fürsten Cingünjab gegen die Qing-Herrschaft
1771	Rückkehr eines Teils der oiratischen Torgud aus den russischen Gebieten an der unteren Wolga in chinesisches Hoheitsgebiet
1911	Ende der Qing-Dynastie; Ausrufung der Autonomen Mongolei und Einsetzung des 8. Jebtsundampa Khutukhtu zum Staatsoberhaupt; Gründung der chinesischen Republik; die innere Mongolei bleibt unter chinesischer Herrschaft
1915	Vertrag von Kiakhta zwischen Russland, China und der Mongolei
1921	Besetzung von Küriye (Urga) durch Baron von Ungern-Sternberg; im Juli Einmarsch mongolischer Partisanen und sowjetischer Truppen
1921–1924	Provisorische Volksregierung in der Äußeren Mongolei
1924	Tod des 8. Jebtsundampa Khutukhtu; Gründung der Mongolischen Volksrepublik (MVR); Umbenennung von Küriye in Ulanbator
1928	Sieg der Guomindang in China
1930	Beginn der Zwangskollektivierung in der MVR
1932	Japanische Invasion in der Mandschurei; Gründung von

Literaturhinweise

Allgemeine Darstellungen

Michael Weiers (Hg.): Die Mongolen. Beiträge zu ihrer Geschichte und Kultur. Darmstadt 1986.

Dschingis Khan und seine Erben. Das Weltreich der Mongolen. Kunst- und Ausstellungshalle Bonn 2005.

Dschingis Khan

Manfred Taube (Übers.): Geheime Geschichte der Mongolen. Herkunft, Leben und Aufstieg Dschingis Khans. München 2005.

Paul Ratchnevsky: Genghis Khan. His Life and Legacy. Blackwell 1991.

Kultur und Religion

Erika und Manfred Taube: Schamanen und Rhapsoden. Die geistige Kultur der alten Mongolei. Wien 1983.

Karénina Kollmar-Paulenz: «Der tibetische Buddhismus in der Mongolei: Geschichte und Gegenwart», in: Die Welt des tibetischen Buddhismus, Mitteilungen aus dem Museum für Völkerkunde Hamburg, Neue Folge, Bd. 36, 2005, 223–255.

Das mongolische Weltreich
David Morgan: The Mongols. Blackwell 2007.
Thomas T. Allsen: Commodity and Exchange in the Mongol Empire. A Cultural History of Islamic Textiles. Cambridge 1997.
Thomas T. Allsen: Culture and Conquest in Mongol Eurasia. Cambridge 2001.

Il-Khanat
Berthold Spuler: Die Mongolen in Iran. Politik, Verwaltung und Kultur der Ilchanzeit 1220–1350. Leiden 1985 (4. Aufl.).
Reuven Amitai-Preiss: Mongols and Mamluks. The Mamluk-Īlkhānid War, 1260–1281. Cambridge 1995.

Mongolen in China
Elizabeth Endicott-West: Mongolian Rule in China. Local Administration in the Yuan Dynasty. Harvard 1989.
Morris Rossabi: Khubilai Khan. His Life and Times. Berkeley usw. 1988.

Die Goldene Horde
Berthold Spuler: Die Goldene Horde: Die Mongolen in Russland 1223–1502. Wiesbaden 1965.
Donald Ostrowski: Muscovy and the Mongols. Cross-Cultural Influences on the Steppe Frontier, 1304–1589. Cambridge 1998.

Ulus Caghatai
Michal Biran: Qaidu and the Rise of the Independent Mongol State in Central Asia. Richmond 1997.

Mongolen-Rezeption in Europa
Felicitas Schmieder: Europa und die Fremden. Die Mongolen im Urteil des Abendlandes vom 13. bis in das 15. Jahrhundert. Sigmaringen 1994.

Die Mongolen vom 15. bis 17. Jahrhundert
Henry Serruys: Sino-Mongol Relations during the Ming II: The Tribute System in China and Diplomatic Missions (1400–1600). Brüssel 1967.

Die Mongolen im Qing-Reich
Peter C. Perdue: China Marches West. The Qing Conquest of Central Eurasia. Harvard 2005.

Mongolen im 20. Jahrhundert
Charles R. Bawden: The Modern History of Mongolia. London 1989 (2. Aufl.).
Udo Barkmann: Geschichte der Mongolei oder die «Mongolische Frage». Die Mongolen auf ihrem Weg zum eigenen Nationalstaat. Bonn 1999.
Ole Bruun und Ole Odgaard (Hg.): Mongolia in Transition. Old Patterns, New Challenges. Richmond 1996.
Uradyn E. Bulag: The Mongols at China's Edge. History and the Politics of National Unity. Lanham 2002.

Register

Zu den Karten:
Bearbeitung: Peter Palm, Berlin | *Vordere Umschlaginnenseite und Seite 47:* Nach: Dschingis Khan und seine Erben. Das Weltreich der Mongolen. Ausstellungskatalog, München: Hirmer 2005, S. 31 und 32 | *Hintere Umschlaginnnenseite:* Nach: Christopher P. Atwood: Encyclopedia of Mongolia and the Mongol Empire. New York: Facts on File, Inc. 2004